漫谈云上管理

云计算商业模式与数字化转型

郝峻晟 著

机械工业出版社
China Machine Press

图书在版编目（CIP）数据

漫谈云上管理：云计算商业模式与数字化转型 / 郝峻晟著. -- 北京：机械工业出版社，2022.7
ISBN 978-7-111-71194-0

Ⅰ. ①漫… Ⅱ. ①郝… Ⅲ. ①云计算 – 应用 – 企业管理 Ⅳ. ① F272.7-39

中国版本图书馆 CIP 数据核字（2022）第 123267 号

漫谈云上管理：云计算商业模式与数字化转型

出版发行：机械工业出版社（北京市西城区百万庄大街 22 号	邮政编码：100037）
责任编辑：刘立卿	责任校对：姚志娟
印　　刷：三河市国英印务有限公司	版　　次：2022 年 8 月第 1 版第 1 次印刷
开　　本：170mm×230mm 1/16	印　　张：13
书　　号：ISBN 978-7-111-71194-0	定　　价：79.80 元

客服电话：（010）88361066　88379833　68326294　　投稿热线：（010）88379604
华章网站：www.hzbook.com　　读者信箱：hzjsj@hzbook.com

版权所有·侵权必究
封底无防伪标均为盗版

献给 Yu Ye。

序

有人说 2020 年是云原生元年。这一年微软以 25 000 亿美元的市值成为全球"最贵"的公司,而全球市值排名前五的公司都是提供云服务的。云作为一种技术范式,不仅改变着企业的发展模式和经济运行的法则,也改变着人们的思维模式和社会的结构。那么何为云?

郝峻晟是云角公司的创始人,是中国提供云服务的早期探索者。2017 年神州数码为了实现向云的转型收购了云角公司,我们也因此成了同事和合作者。在共同的奋斗过程中,我切身体会到了他敏锐的洞察力和对知识的渴望与追求。在全球数字化转型和我国建设"数字中国"的实践中,云技术的普及和应用是最为关键的因素之一。面对复杂和不确定的世界,如何理解和定义云,云原生从技术范式上给出了解决方案。今天他作为一个从业者,希望用通俗易懂的语言普及云的知识和作用,启迪更多的人成为云原生时代的同行者。

1980 年,托夫勒发表了他的《第三次浪潮》,向人类预言了信息时代的到来。40 多年过去了,以计算为特征的信息技术和数字技术,一次又一次地不断颠覆自己的应用场景和体系架构。从以计算为中心,到以管理为中心,再到以服务为中心,到今天要以客户和客户的体验为中心,计算机的体系架构随需而动。在人类对世界的不断认知颠覆中更新计算架构的体系,从单机到网络,从网络到分布式计算,从分布式走向云原生,以数字联接为特征的新人类、新企业、新经济和新生态正在颠覆工业革命对社会的定义和解释。正如书中所说，一切都可以被重新定义。托夫勒预言了信息时代的到来，而云将定义何为信息时代。

神州数码董事局主席　郭为

| 自序 |

"码农"的转型之路

从 20 年前写下第一个 Hello World 开始,我就一直尝试着用编写代码的思路来理解这个世界。比如,递归在真实的世界里到底存不存在?世界是不是可以用面向对象的方式来解释?数据库实体关系图是不是最好的解释真实对象和关系的方法?这些理解到底是符合笛卡儿对身心的二元论,抑或莱布尼兹对"单子"的臆想,还是符合上帝创造世界的逻辑,作为人类的我肯定是无法得知的。至于代码如何能真正改变世界,这个问题对于沉浸在软件世界里的我也有巨大的困惑,毕竟软件可能只是"一段意识"而已。

直到我 2012 年离开微软开始创业,认识了云计算,才豁然开朗。

一开始接触云计算是因为一个与支付相关的项目。我的团队想在中国复制美国上市公司 Square(Nasdaq SQ)的模式,那时我选择了使用亚马逊东京机房的资源。这让作为程序员的我第一次打开了通过代码控制硬件的大门。虽然之后选择做 CRM(客户关系管理)的尝试失败了,不过为客户提供云计算的服务却成为创业十年来一项快速增长的业务,也让我的创业之路走得越来越宽广。虽然我创立的公司最终没能上市成为一家更有影响力的企业，但创业过程也让我发现了一条既能得到社会认可，又能实现自我价值的道路，也算是不枉过去十年为之奋斗。毕竟这些年，云计算改变了整个IT世界，也渗透到了现实世界。软件逐渐成为真实世界的"灵魂"，说不定以后会成为世界的主宰。

一个人的能力毕竟有限，"码农"也要转型。

创业公司被收购以后，我开始尝试改变对世界的理解，并通过在中欧国际工商学院的学习，了解了不同的精英、商学院老师及其他企业家对世界的理解。任何部门，任何行业，都有被软件全面改造的机会，业界把这种改造称作"数字化转型"。而我这个"码农"的工作，则变成了不断向各行各业的人学习，了解怎么用云计算进一步改变不同的行业，并通过数字化的技术和方法提高不同行业的运营效率，从而帮助其实现数字化转型。

软件世界之外是IT世界，IT世界之外是商业世界，商业世界之外是什么？

商业世界之外或许是我们真正生活的世界，或许是最近火热的元宇宙，又或许是哲学世界和不同的宗教世界。这本书的出版也是一波三折，开始只是想写几篇关于云计算解决不同行业问题的文章，但是在一些朋友和老师的鼓励与支持下，录制了名为《云计算十日谈》的10集相关视频，之后又在此基础上做了大量的修改和扩充，最终形成了读者手上的这本书。希望这本书能让读者对云计算和它对世界的作用有一些了解，这也算是我这个不断转型的"码农"所具有的一点点价值的反映。

感谢在撰写本书过程中给我提供帮助的各位朋友与老师，以及葛轶和吕妍玉等各位参与《云计算十日谈》摄像、审稿和编辑的同事，是他们的激励和辛勤工作才让我能在繁忙的工作之余抽出时间"码字"。此外还要感谢我的团队和同事们，尤其是神州数码董事局主席郭为先生，在他的领导下我才能不断地在更大的平台上转型，有机会在云计算领域进一步深耕和精进。最后感谢我在中欧国际工商学院的同学，特别是胡放晴、李潇、沈龙强和林庭如，是他们的支持才让我可以在国内的顶级商学院课题里研究公司的云转型战略和方法。

不断地转型和适应世界的变化,是我作为"码农"一直以来的坚持和执念,这也是作为"此在"的我存在的意义。

是为序。

郝峻晟

目录

序
自序

引言 / 001

第 1 章　初识云计算 / 005

1.1　关于云计算的一个小故事 / 006
1.2　云计算是什么 / 008
1.3　云计算的特点 / 009
1.4　云计算的安全性 / 012
1.5　云计算的服务模式和部署模式 / 014
　　1.5.1　云计算的服务模式 / 014
　　1.5.2　云计算的部署模式 / 018
1.6　完整的云计算参考架构 / 019
　　1.6.1　云消费者 / 020
　　1.6.2　云审计商 / 020
　　1.6.3　云经纪商 / 021
　　1.6.4　云运营商 / 021
　　1.6.5　云计算厂商 / 022
1.7　总结 / 027

第 2 章　CIO 的福音 / 029

2.1　CIO 的工作 / 030
2.2　如何快速部署成千上万台服务器 / 032
2.3　云计算的运行模式 / 035

2.4 服务的可用性 / 039

2.5 地震、火灾不常有，真出事了怎么办 / 041

2.6 CIO 的新问题 / 045

2.7 总结 / 047

第 3 章 让 CFO "又爱又恨" 的云计算 / 049

3.1 CFO 对云计算的困惑 / 050

3.2 帮助 CFO 理解云计算的几个优点 / 052

3.3 云计算创新的计费模式 / 053

3.4 会计和税务处理 / 055

3.5 合同处理 / 058

3.6 对财务安全和风险的考虑 / 059

3.7 和投资人的沟通 / 062

3.8 云给财务部门带来的机会 / 064

3.9 总结 / 066

第 4 章 云上的人力资本管理 / 069

4.1 云上的 HCM 软件功能 / 072

4.2 云上的 HCM 软件价值 / 074

    4.2.1 面向企业 / 075

    4.2.2 面向管理 / 078

    4.2.3 面向员工 / 080

    4.2.4 面向人力资源部门 / 081

4.3 更有挑战性的问题 / 083

    4.3.1 培养员工的使命感 / 085

    4.3.2 挖掘员工的潜力 / 087

    4.3.3 展望企业前景 / 088

4.4 一些云上的 HCM 供应商 / 089

4.5 总结 / 090

第 5 章　云对企业运营的帮助 / 091

5.1　关于中台的讨论 / 092

5.2　自动化运营平台和工具 / 094

　　5.2.1　低代码开发平台 / 095

　　5.2.2　机器人流程自动化 / 100

5.3　用数据驱动决策 / 103

5.4　总结 / 105

第 6 章　用云驱动营销 / 107

6.1　"软件终结者"的故事 / 108

6.2　用云解决销售问题 / 109

6.3　营销云 / 113

6.4　客户数据平台 / 115

6.5　两个实际的例子 / 117

6.6　总结 / 120

第 7 章　云上的制造业 / 121

7.1　云制造 / 123

7.2　智能制造 / 124

7.3　工业物联网 / 125

7.4　云上的工业软件 / 128

　　7.4.1　云上的制造执行系统 / 129

　　7.4.2　云上的设计软件和仿真软件 / 131

7.5　总结 / 133

第 8 章　在云上办公 / 135

8.1　数字化工作场所 / 136

8.2　与数字化工作场所相关的技术和应用 / 138

XI

8.3　会议解决方案 / 145

8.4　总结 / 148

第 9 章　云上的供应链管理 / 151

9.1　供应链管理概述 / 152

9.2　云上的供应链管理概述 / 155

9.3　云上的供应链管理新技术 / 158

　　9.3.1　区块链和供应链金融 / 160

　　9.3.2　机器学习概述 / 162

9.4　总结 / 165

第 10 章　云原生和敏捷创新的数字化企业 / 167

10.1　云原生和数字化转型 / 170

　　10.1.1　不可变基础设施对比业务平台 / 170

　　10.1.2　容器编排对比团队管理 / 172

　　10.1.3　微服务和 API 对比团队协作 / 175

　　10.1.4　DevOps 对比数字化企业文化 / 177

10.2　用云计算的理念来管理公司 / 179

　　10.2.1　创新面临的挑战 / 180

　　10.2.2　高频企业 / 182

　　10.2.3　引领变革 / 183

10.3　总结 / 185

附录 A　云管理服务的新演变 / 186

附录 B　关于中台的思考 / 192

后记 / 196

引言

世界的变化越来越令人目不暇接。当我们认为阿里巴巴和京东已经占据了整个中国的电子商务市场时，一家叫作拼多多的公司居然异军突起，超过阿里巴巴和京东，成为用户规模在中国排名第一的电子商务公司。当我们觉得蚂蚁金服将会实现中国金融科技领域最大规模的 IPO 时，它的上市之路因监管环境的变化而暂缓。在新的科技革命蓬勃发展和商业环境快速变化的背景下，市场的不确定性也越来越明显。中国政府对数字经济的发展异常重视，正在不断推进数字产业化和产业数字化，并引导数字经济和实体经济深入融合，帮助传统企业实现数字化转型，推动经济的高质量发展。

云计算作为"新基建"信息技术设施的重要组成部分，已经成为数字经济发展的基础。越来越多的企业把企业云化、数字化作为在不确定的商业环境下生存的重要手段。伴随着政府的支持，云计算不仅在技术领域，而且在应用和商业模式上，都广泛而深入地推动着企业的转型和发展。企业作为国家的核心经济单元，正在面临数字化的不断冲击。在 VUCA 即不稳定（Volatility）、不确定（Uncertainty）、复杂（Complexity）和模糊（Ambiguity）的环境下，企业需要不断地寻求"增效降本"之道。重构企业的核心竞争力，促进全产业协同发展，实现更大的社会价值，已成为企业管理和运营的新目标。"云"可以多角度、全场景地帮助企业解决技术、应用和商业模式的问题，帮助企业的 IT 部门、业务部门、财务部门、人力资源部门、生产部门甚至是 CEO，改变经营思想和理念，全面为企业的数字化转型赋能。

云计算在全球已经轰轰烈烈地发展了十多年，近几年在国内更是得到了飞跃发展。虽然大家对云计算和大数据等概念有了初步的了解，但是传统企业对数字化的作用的认知依然有限。由于没有足够的行业经验积累，企业家和管理者群体普遍对数字化的理解不深，对如何在企业经营管理中应用数字化也缺乏思路。

我从 2005 年开始研发分布式系统软件，管理百万数量级的服务器、台式计算机和笔记本计算机的自动更新及软件监控系统，之后又研发全球规模的软件及游戏交易和支付平台，保证在全球范围内提供 24 小时不间断的服务，确保零宕机。2011 年我第一次接触亚马逊云服务（Amazon Web Service，AWS），并逐步开始在所有的项目中使用云计算服务，这大大提高了项目开发的效率。2012 年，我创业成立了上海云角信息技术有限公司，它是中国首批云计算增值服务提供商。之后我带领团队帮助上千家企业走上了云计算之路，其中包括完全接受云计算理念的世界 500 强外企、对云计算是否能节约成本将信将疑的民企，以及对云计算安全性存疑的国有企业。这些企业逐步把原有的数据中心的工作负载迁移到了公有云、私有云和混合云上，这为企业的数字化转型打下了坚实的基础。

2017 年，上海云角信息技术有限公司被中国最大的 IT 产品和服务提供商神州数码（中国）有限公司（SZ.000034）收购。之后我继续在上市公司的平台上为客户提供云计算相关的服务，服务不仅涉及云计算的增值管理领域，还延伸到了大数据和人工智能等领域，全面为企业的数字化转型添砖加瓦，为"把云带到世界的每一个角落"这一使命而努力。

从多年的创业，到帮助和带领传统企业进行业务的云转型，再到管理上千名员工、几十亿销售额的云业务集团，我积累了不少经验。我写本书的目的是，希望用我的亲身经历，加上我在商业管理和技术管理方面的经验与知识，帮助企业的所有者和管理者不仅可以了解云，更能懂得通过云的技术和理念改变经营方式，通过数字化转型和新技术，在更高的维度上参与市场竞争。

在本书所要涵盖的 10 章内容里，我会先介绍云计算的基础知识，然后通过云计算的理念，分析企业的各个部门可能会遇到的问题和转型方向，帮助企业的相关人员了解云计算和数字化，逐步实现上云，用好云计算这把利器，全面实现数字化转型，实现价值创新，降低企业的成本，提高企业的效率，带领企业全面走向新的高度。

初识云计算

云计算的热度已经持续了十几年,相信大家对其基本概念会有所了解。本章将一一介绍云计算及其周边的"角色",以我的亲身经历和体会帮助读者充分理解云计算的概念、特点及其完整的架构。

漫谈云上管理：云计算商业模式与数字化转型

2012 年，我创立了上海云角信息技术有限公司（以下简称云角）。公司的主营业务是云计算的管理服务工作，今天我们把提供这类业务的公司叫作云管理服务提供商（Cloud Management Service Provider，Cloud MSP）。云角主要提供咨询、迁移、实施与运维等专业服务（Professional Service）和管理服务（Management Service）；除此之外，还基于微软 Azure、亚马逊 AWS（Amazon Web Services，是亚马逊公司的云计算 IaaS 和 PaaS 服务平台）和阿里云等各大云计算平台进行云原生软件的开发工作。云角管理着数万个不同种类的云计算资源，是中国早期的云原生管理服务提供商。

云角在 2017 年被神州数码收购以后，我依然负责云角的业务，之后负责云角和云计算事业部，后来又负责整个集团的云业务。在这期间，集团的业务进一步快速发展，从原来以世界 500 强企业为重点，发展为向更多的企业客户（包括民营企业和国有企业等）提供云计算相关的管理和增值服务，以帮助这些企业实现数字化转型。经过三年多的高速增长，到 2020 年，神州数码成为中国最大的第三方云管理服务提供商⊖。

伴随着上千家企业客户的上云和用云旅程，我发现云计算不仅能解决企业 IT 部门的问题，还能解决销售、市场、生产、财务和人力资源等各个部门的问题。云计算的按需、弹性与敏捷等理念和方法，对企业的管理者和经营者有许多借鉴意义。在当前不确定的市场环境下，我觉得非常有必要把云计算的概念和理念分享给大家，以期在企业管理和运营方面对大家有一些帮助，让大家了解如何使用云计算提高企业的管理和运营效率，专注企业自身的核心业务，打造企业的核心竞争力，从而顺利实现企业的数字化转型。

1.1　关于云计算的一个小故事

在创立云角之前，我有过多次创业尝试，其中有一个是当时非常热门的手机支

⊖ 《中国第三方云管理服务市场份额，2019：把握窗口期趋势而为》，Rachel Liu，https://www.idc.com/getdoc.jsp?containerId=CHC46324920。

付项目。那时候的手机支付需要使用一个硬件设备,以便能直接插在智能手机的 3.5mm 音频的耳机插孔上实现银行卡的刷卡功能,从而完成支付。这个设备的顶部是一个磁条卡读卡器,它可以直接刷银行卡完成支付功能。美国的 Square 公司做的就是这个项目,如图 1-1 所示。Square 公司在 2015 年在纽交所上市(NYSE:SQ),截至 2022 年 7 月 19 日,这家公司的市值为 380 亿美元。

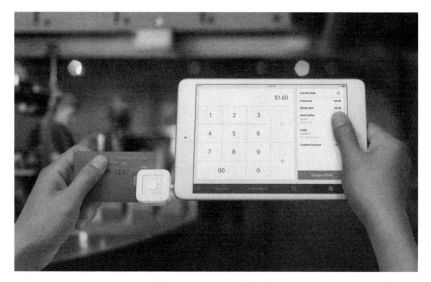

图 1-1　Square 读卡器

我们当时做的这个项目不到一年就被叫停了,主要是安全性的原因,监管机构不允许我们使用这种没有经过加密的设备来读取磁条卡中的信息。不过就算这个项目能继续做下去,未来也很有可能因二维码支付在国内的快速普及而导致其遭遇极大的挑战。

在这个项目里,因为读卡器的成本很低,服务器使用的也是云服务器,所以投资非常小,损失也不大。这也是我们在实际项目中第一次接触全球公有云计算厂商亚马逊提供的 AWS 云服务。我们当时选择的是东京区域的弹性计算云(Elastic Compute Cloud,EC2),那时的四核服务器每小时的使用成本只有几元(人民币)。存储服务选择了简单存储服务(Simple Storage Service,S3),每个月的成本才几十元。记得当时为了省钱，我们开发时使用的服务器也在云上，白天开机工作，晚上就自动关机，关机以后就不用花钱了。最终算下来每个月的服务器使用费仅2000元左右，这和购买物理服务器相比，简直就是个零头。

虽然这个创业项目最终失败了，但是我却通过这个项目看到了云计算快速发展的前景。之后我参与的所有开发项目使用的几乎都是云服务器，再也没有使用过数据中心或者 IDC 的传统服务器。通过这个支付器项目我意识到云计算在中国会快速发展，因此下定决心进入云计算服务行业，为企业提供云计算的相关增值服务，从而"把云带到世界的每一个角落"。

1.2 云计算是什么

在介绍云计算的时候，通常会提到亚马逊云（Amazon Web Service）、微软云（Microsoft Azure）、谷歌云（Google Cloud Platform）、阿里云、华为云和腾讯云等平台。它们都是提供公有云资源和服务的佼佼者，所提供的资源和服务一般包括计算、存储和网络等。当然，云计算的范畴不只有这"三大件"，它几乎能够把信息技术领域的各种最新概念包含其中，如大数据、物联网、人工智能、区块链和量子计算等。业内有个说法："云是个大箩筐，什么都能往里装。"其实说的是，过去在云计算高速发展的十几年里，所有的 IT 或者软件行业都说自己在做云，云真是一个包罗万象的"大杂烩"。

云计算其实有一个非常严谨的定义。我们当下通常使用的云计算定义一般来自美国国家标准与技术研究院，也就是我们通常讲的 NIST（National Institute of Standards and Technology，其网址为 www.nist.gov），如图 1-2 所示。它是一个直属于美国商务部的机构，从事物理、生物和工程方面的基础研究和应用研究，以及测量技术和测试方法等方面的研究，提供标准、标准参考数据以及相关服务，在国际上享有很高的声誉。

图 1-2　美国国家标准与技术研究院 Logo

NIST 在 2011 年 9 月 28 日发布了一份关于云计算定义的报告㊀，专业地定义了什么是云计算：

云计算是一种新的模型，用于实现对可配置计算资源共享池无所不在、方便、按需的网络访问（如网络、服务器、存储、应用程序和服务），这些资源可以通过最小化的管理工作或服务提供商进行交互，从而进行快速部署和发布。云计算模型有 5 个基本特征、3 个服务模型和 4 个部署模型。

这个概念还是比较抽象的。简而言之，云计算就像用自来水或者电一样使用数字资源，也就是对资源共享池无所不在、方便、按需进行访问。数字资源就是云计算提供的各种资源，如网络、服务器、存储、应用程序和服务等。

当然，如果我们只从这个角度理解的话，云计算就是一个信息技术的概念，最多也就是数字化中的一个概念。而人们对云计算的理解其实远不应该止于此，这必须要从云计算的几个特点说起。

1.3　云计算的特点

按照 NIST 的定义，云计算有 5 个基本特征。

第一个特征是**按需自助**。使用者可以单方面按照自己的需求部署计算能力，如服务器的使用时间、数据的存储量、网络的带宽和弹性的 IP 地址等，而不需要每个服务都人为参与。例如，我们可以直接到云服务提供商的网站上申请开启一台虚拟服务器，这台虚拟服务器有 8 个核、32GB 内存，还包含 512GB 的存储容量。

㊀ The NIST Definition of Cloud Computing, September 28, 2011, https://www.nist.gov/publications/nist-definition-cloud-computing。

这个需求只需要稍微了解一些计算机基本知识的人在网站上注册一个账号，然后自助点几下就能够完成，完全不需要计算机专业人员的帮助。

第二个特征是**随时随地的网络访问**。所有的云计算资源，包括计算、存储、数据库、中间件、平台即服务和应用程序等，都能够以网络的形式进行访问。访问包括两个方面：首先是访问的端，包括工作站、服务器、笔记本计算机、平板计算机、智能手机、可穿戴设备、边缘端和物联网设备等，它们都能够随时获得云计算的资源；其次是访问的网络形式，可以通过5G、Wi-Fi、互联网、广域网及局域网等各种网络进行访问。

第三个特征是以**资源池**的方式使用各种资源。也就是前文提到的按照类似于用水、用电的方式，从池子里使用云计算的各种资源，用完以后再还回池子里。云计算的资源按照客户的需求进行动态分配，不用关心这些资源具体是在北京还是上海，是美国的还是中国的。哪里有空闲的资源，就从哪里分配资源给客户使用。

第四个特征是**敏捷和弹性**。云的资源可以弹性地配置和释放，可以通过自动化的方式实现。例如，当某个应用程序需要的计算量特别大时，云计算提供商可以自动地增加虚拟服务器的数量或者计算资源来满足需要。对于用户而言，这种能力看上去好像是无限的，并且可以在任何时间使用任意数量。就像你不会担心电厂没电或者水厂没水一样，使用时只需要在云服务提供商的网站上自动或者手动申请，就可以得到似乎没有任何容量限制的云计算资源。

第五个特征是**可计量服务**。什么意思呢？简单而言就是能够知道自己使用的云计算的量。例如，计算资源的主要计量单位是虚拟服务器开启的时间，存储资源的主要计量单位是数据存储容量的大小和存储时间的长度，网络资源的计量单位是带宽和数据传输量的多少等。云服务提供商通过利用不同产品的计量单位，自动控制和优化资源的利用率，并监视和控制资源的使用情况，从而为用户提供完全透明的使用信息。

云计算的5个基本特征见图1-3。这5个特征决定了云计算颠覆传统IT世界的必然性。在传统的IT世界里，服务器、存储设备和网络等资源都是成套出售的。例如，我买一台服务器，其中有两个中央处理器（CPU），有32GB的内存和 1TB 容量的硬盘，而不能说我只买这样的服务器 2 小时。买来以后还需要专业的服务人员进行安装和调试，使其能够顺利运行，而不是自行完成这些工作。狭义的云计算解决了传统 IT 部门面临的各种资源浪费和共享等问题。

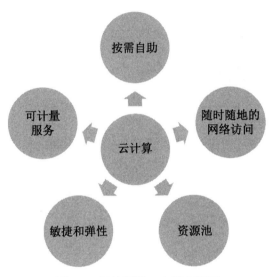

图 1-3　云计算的 5 个基本特征

我们把这些特征扩展后可以发现，依赖这些特征能解决的问题不仅对 IT 部门有帮助，而且对企业管理的各个部门，甚至对 CXO 直接管理的部门也有巨大的帮助。例如，我们希望企业的生产部门能够按客户需求单件生产，这就是典型的**按需自助**，以及**敏捷和弹性**的需求。现代化的生产制造企业为满足客户定制化的需求，都在努力实现按需生产和单件制造等，这也是在向这个目标努力。又如，我们希望人力资源部门能招聘合适的人才，当有项目的时候就聘用这些人，没有项目的时候就不聘用他们，这种灵活用人的要求也是把人才作为**资源池**，从而**敏捷和弹性**使用。因此云计算其实是通过 IT 来解决企业关于共享、敏捷响应和资源池的各种问题，这也是本书要重点讨论的问题。

当然，云计算还有一些其他的优势和特点，包括部署速度快、无须预付费、无须维护和更安全等，这些都是从以上 5 个云计算的特征中衍生出来的，只是不同的云服务厂商的说法不同而已。

1.4 云计算的安全性

这里我重点强调一下**更安全**这个特征。我们把计算能力和数据都放到云计算厂商那里以后，自然会有安全性的顾虑，例如数据被云计算厂商泄露，或者在传输的过程中被别人偷走等。在我们讨论云计算是否安全的时候，需要从以下几个角度去理解。

首先，**云计算厂商的数据中心基础设施比企业自建的机房和普通的数据中心更加安全**。云计算厂商一般都是世界一流公司，其数据中心的规模也远超普通企业自建的数据中心，因此无论基础设施、内部管理流程，还是网络安全的标准，都比普通的数据中心好得多。打个最简单的比方，银行的保险柜一定比你家里的床头柜要保险，云计算厂商的数据中心就类似于银行的保险柜，而企业的自建机房就好比自己家的床头柜。

此外，云计算厂商都提供安全的服务标准，比如亚马逊云上的对象存储（S3），每年能保证99.999999999%的数据持久性，即11个9，我们可以粗略地认为，如果在云上存储1万个文件，那么平均1000万年才可能会丢失一个文件。家里的计算机或者企业的服务器硬盘上的某个磁道坏了的话，丢失的数据肯定就不止这么一点了。一般而言，云计算厂商都会把数据做3个备份，有时候还会进行异地存储，这样就算某个数据中心断电或者由于地震而导致数据被损毁，也不会造成客户数据的丢失，从而保证了数据的安全性。

其次，**在云计算厂商的数据中心保存的数据安全受到法律保护**，而企业内部数据的安全由企业自行负责。无论欧洲联盟出台的《通用数据保护条例》（General Data Protection Regulation，GDPR），还是我国的《中华人民共和国网络安全法》（以下简称《网络安全法》），都有针对数据隐私和安全性的保护条款，不允许随便泄露或让他人访问隐私数据。而数据泄露一般都由于监守自盗，或者普通企业内部的数据由于只受到其内部规章制度的保护,安全性较低而造成的。

最后,**安全的责任是共享的**,也就是说用户和云计算厂商共同保证数据的安全。即使云计算厂商的基础设施再安全,网络攻击的防护措施做得再完善,法律再完善,也需要用户对自己的数据访问安全负责。比如说,就算银行的保险柜再安全,但是你不小心把密码泄露给了别人,别人再偷了你的身份证,还是有可能把你存在银行保险柜里的东西取出来的。

我们的很多个人数据其实已经保存在云上了。如果你用的是苹果的 iPhone,那么你的照片很有可能已经存储在 iCloud 上了,见图 1-4;如果你用的是 Windows,那么你的很多数据很有可能保存在了微软的 OneDrive 上;当然,你也可能把旅行照片和家人的照片存储在百度云盘上。这些云存储产品和服务给我们带来的便利是:无论是你的手机丢了,还是计算机坏了,或者是硬盘坏了,你的照片等数据都在云上,不会丢失或者被损坏。不过产生的风险是,如果你的网络密码泄露了,那么你的照片可能就会被全世界"分享"。例如,2014 年,iCloud 上某些特定的账号和密码泄露,导致这些账号下的照片在各大网站和 Twitter 上流传,这就是一个典型的由用户责任引起的云数据泄露事故。

图 1-4　iCloud 登录界面

安全永远都是相对的,有时为了便利就会在安全上做出妥协。云计算厂商大多非常关注基础设施和数据的安全,对用户的隐私数据也非常重视。当然,这种安全在一定程度上取决于用户对云服务提供商的信任度。

1.5 云计算的服务模式和部署模式

我们在了解云计算的过程中会涉及几个概念——IaaS、PaaS 和 SaaS，它们分别表示基础设施即服务（Infrastructure as a Service，IaaS）、平台即服务（Platform as a Service，PaaS）及软件即服务（Software as a Service，SaaS），这些都是**云计算的不同服务模式**。

1.5.1 云计算的服务模式

1. 基础设施即服务

IaaS 是指云服务厂商提供给使用者的功能，包含**计算**、**存储**、**网络**和**其他基础计算资源**，以便使用者能够部署和运行任意软件（包括操作系统和应用程序）。使用者不管理或控制底层云基础设施，可以控制操作系统、存储和已部署的应用程序，但对特定的网络组件（如主机防火墙）的控制可能有限。例如我们经常提到的阿里云虚拟机就是典型的 IaaS 模式，大家可以把它认为是传统的硬件及虚拟化技术。

IaaS 是云计算最基础的服务模式，包括但不限于以下功能：

- 计算服务：基于云平台的计算资源，如虚拟机和容器等。
- 存储服务：提供对象存储和块存储等服务。
- 网络服务：在云平台上提供虚拟网络和直连网络等服务。
- 备份和恢复服务：为本地的文件系统提供备份和恢复服务。
- 内容分发网络（Content Delivery Networks，CDN）：基于云的网络内容加速分发服务。

IaaS 提供的主要是 IT 领域最基础的服务。

2. 平台即服务

PaaS 是指云服务厂商提供给使用者的功能，除了 IaaS 提供的云基础设施之外，还包括云服务提供商提供的编程语言、库、服务和工具。使用者不需要管理或控制底层云基础设施,但可以控制已部署的应用程序及应用程序托管环境的配置设置。例如依托各大云计算厂商提供的应用程序平台等,使用者开发的软件直接上传到平台上就可以运行起来,而不用关心底层是什么服务器。

PaaS 的例子很多,例如:

- 商业智能平台:为应用构建仪表盘、报表系统和数据分析系统等。
- 数据库平台:包括关系型数据库、非关系型数据库、时序数据库、图数据库、数据仓库和数据湖等,对外提供存储和数据服务。
- 开发和测试平台:让开发人员和测试人员能够在平台上全面完成开发和测试工作。
- 集成开发平台:自动化实现编译、实施和部署等工作。
- 应用程序开发平台:网站应用和原生 App 开发的服务平台。
- 机器学习平台:为机器学习提供模型训练和分发。
- 认知服务平台:进行和人工智能相关的视觉和自然语言处理。

随着云计算平台的不断发展,如量子计算和区块链等服务,都将是 PaaS 的一部分。

3. 软件即服务

SaaS 是指云服务厂商向使用者提供的服务是运行在云基础架构上的应用程序。这些应用程序可以从不同的移动端设备上通过诸如 Web 浏览器或应用程序接口(API)等移动应用和客户端界面进行访问。使用者不需要管理或控制底层的云基础架构,也无法管理中间层和应用层,只能做一些有限的配置。例如我们经常使用的百度网盘、Office 365、Adobe Creative Cloud 和 Salesforce 等,它们都是 SaaS 的例子。下面介绍通过云计算解决人力资源、财务、生产制造和供应链等问题的例子,它们在很多情况下用的也是 SaaS 模式的应用。

- 电子邮件以及办公和提高生产效率的工具:例如邮件应用和办公处理等,最典型的例子就是微软的 Office 365 和谷歌的 Workspace。
- 账单系统:管理客户账单和订阅的系统。

- 客户关系管理（CRM）系统：管理销售流程和呼叫中心等，相关内容会在后面的章节重点介绍。
- 协作工具：让用户协作的平台，如 Workday 等，它们正逐步往云上办公系统发展等。
- 内容管理：管理用户的内容等服务。
- 文档管理：管理用户的文档和工作流等。
- 财务管理：提供会计、税务和金融等相关的应用服务。
- 人力资源：提供人力资源管理、招聘和绩效等服务。
- 销售管理：提供销售价格管理和返点管理等。
- 社交网络：为企业内部和外部提供社交服务。
- 企业资源计划（ERP）：以 SaaS 方式提供 ERP 服务。

当然，以上只是 SaaS 应用的一部分，如制造业管理和供应链管理等应用都可以以云的方式对外提供服务，通过云的一些特性逐步改变企业的商业模式。

除了 NIST 定义的 3 种服务模式以外，随着云计算的不断发展，又出现了两种新的服务模式，即无服务器计算（Serverless Computing）和业务流程即服务（Business Process as a Service，BPaaS）。

4. 无服务器计算

无服务器计算是一种云计算的执行模型，该模型的特点是云服务提供商提供计算能力，并动态管理资源的分配。这种模型的定价基于应用程序消耗的实际资源量，而不是预先购买的容量单位（Capacity Units），如特定规格的虚拟机。这些虚拟服务器的管理和详细信息对开发人员是透明的。这其实是在云计算服务中量化计算资源的一种创新，我们不需要考虑服务器开启了多少时间，只需要考虑应用程序消耗了多少算力，根据消耗的算力付费。对于开发人员而言，就是需要进一步抽象硬件的具体信息，并考虑软件的核心业务逻辑即可。

传统的 IT、IaaS、PaaS、无服务器计算和 SaaS 的对比如图 1-5 所示。从左到右，用户管理的部分越来越少，需要关注的内容也越来越少，这样能让用户更多地关注自己的核心业务，解决自身的问题。

第1章 初识云计算

传统的IT	IaaS	PaaS	无服务器计算	SaaS
应用程序	应用程序	应用程序	应用程序	应用程序
数据	数据	数据	数据	数据
运行时	运行时	运行时	运行时	运行时
中间件	中间件	中间件	中间件	中间件
操作系统	操作系统	操作系统	操作系统	操作系统
虚拟化	虚拟化	虚拟化	虚拟化	虚拟化
服务器	服务器	服务器	服务器	服务器
存储	存储	存储	存储	存储
网络	网络	网络	网络	网络

■ 用户管理　■ 云服务商管理

图 1-5　云服务模式比较

5. 业务流程即服务

BPaaS（如图 1-6 所示）是一种交付外包服务的过程，它源于云的结构，其目标是运行在服务器上的软件向多个用户提供服务。简单而言，BPaaS 就是把业务流程作为一种服务提供给用户，用户通过简单的配置就可以实现内部流程的自动化和管理。例如，最近流行的机器人流程自动化（Robotic Process Automation，RPA）和低代码开发平台（Low Code Development Platform），都是帮助用户实现 BPaaS 的不同产品或平台。

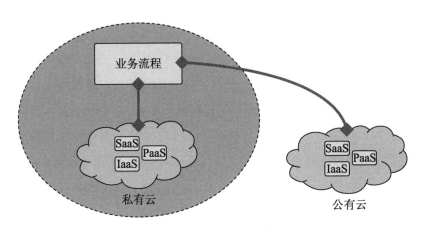

图 1-6　业务流程即服务

在图 1-6 中出现了私有云和公有云，这是云的两种不同的部署模式。按照 NIST 的定义，云计算有 4 种不同的部署模式，分别是**私有云**、**社区云**、**公有云**和**混合云**。

1.5.2 云计算的部署模式

私有云（Private Cloud）是指云基础设施由一个或多个消费者（如业务部门）组成的单一组织所专用。它可能由组织、第三方或它们的某些组合体所拥有、管理和运营，并且可能存在于场所内或外。例如，有一家企业，它在北京、上海和广州都有分公司，分公司在各地都建设了自有的数据中心，并在其他地区租用了 IDC 机房提供计算服务，这些基础设施合并在一起，并通过统一的软件和硬件架构进行搭建，这样搭建出来的云就是私有云。

社区云（Community Cloud）是指云基础设施是为特定的社区用户提供的，这些用户来自具有共同关注点的组织。它可能由社区中的一个或多个组织、第三方或它们的某些组合体所拥有、管理和运营，并且可能存在于场所内或外，如政务云、金融云和医疗云等都是社区云的典型例子。例如，某个省的交通厅、公安局和税务局等机构，统一使用这个省建设的数据中心，那么这个数据中心就称为政务云。

公有云（Public Cloud）是指云基础设施是为公众使用而准备的。它可能由商业机构、学术机构、政府机构或它们的某些组合体所拥有、管理和运营，由云服务提供商提供，如亚马逊云、微软云、谷歌云、阿里云、华为云和腾讯云等。

混合云（Hybrid Cloud）是指云基础设施是由两个或更多不同的云基础设施（私有设施、社区设施或公共设施）组成的，这些基础设施仍然是一个统一的实体，但通过标准化或专有技术将它们绑定在一起，以实现数据和应用程序的可移植性（如用于云之间的负载均衡）。例如，微软云里的 Azure Stack、亚马逊云里的 Outposts、IBM 的 RedHat OpenShift 和 VMware 的 Tanzu，都是不同的混合云产品。

1.6 完整的云计算参考架构

讲了这么多云计算的相关内容，大家可能会好奇我创立的云角在云计算行业里是什么角色，似乎前面介绍的内容和云角没什么关系。其实，云计算的应用范围比我介绍的 IaaS、PaaS 和 SaaS 大得多，我只讲了云架构和云计算厂商服务架构中的服务层，而它们周边还有许多重要的角色。

如图 1-7 所示为 NIST 定义的云计算参考架构○，我们可以看到，整个云计算参考架构包括 5 个主要角色：**云消费者**、**云审计商**、**云经纪商**、**云运营商**和**云计算厂商**。每个角色都是整个云架构体系的一部分，而每个角色内部还有各种细分的角色，它们共同组成了一个完整的云计算参考架构。接下来我就一个一个地为大家详细介绍。

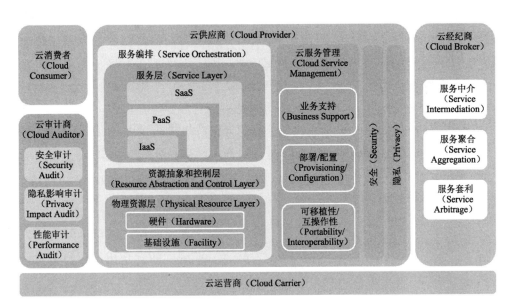

图 1-7 完整的云计算参考架构

○ NIST Cloud Computing Reference Architecture, September 8, 2011, https://www.nist.gov/publications/nist-cloud-computing-reference-architecture。

1.6.1 云消费者

顾名思义，云消费者就是云计算资源的消费机构或者个人，这些机构或个人通过云服务提供商查询需要的服务内容，然后选择并使用相应的服务。在使用的过程中，云消费者需要考虑相关的服务等级协议（Service Level Agreement，SLA），包括服务质量、安全等级和性能等，并根据不同的服务等级进行付费。对于消费者而言，他们会选择不同的服务，如 IaaS、PaaS 或者 SaaS，并最终把这些服务和自身业务相结合，以解决实际的应用和商业问题。

SaaS 的消费者主要是最终用户，他们通过网络使用 SaaS 的服务，根据所使用的服务内容和时间进行计费。PaaS 的消费者主要是开发人员，他们通过调用 PaaS 服务接口，把这些服务集成到自己开发的应用程序中，然后根据接口调用的次数或者规模来计费。IaaS 的消费者主要是专业的 IT 技术人员、系统管理员和开发者等，也包括公司 IT 部门的运维人员，最终根据 IaaS 的使用时间、容量和规模进行计费。

1.6.2 云审计商

云审计商的主要工作是对云服务进行独立审查并发表意见，通过审核的证据来验证其是否符合法律和政策标准。云审计商主要从**安全**、**隐私影响**和**性能**等方面来评估云服务提供商提供的服务。大部分的组织，尤其是和政府机构相关的组织，审计尤其重要。

安全审计是指采用一定的管理、操作和技术保障手段，保护系统及其信息的机密性、完整性和可用性。审计人员会对系统中的安全措施进行评估，以确定这些控制措施能否按照预期执行和实施，并达到预期的目标。例如，金融系统需要符合 PCI-DSS 规范的要求，审计人员必须对金融系统按照标准要求进行审计，以确保系统能够达到该规范的要求。此外，还需要确保系统满足法律和法规的要求，如之前提到的《通用数据保护条例》和《网络安全法》等。

隐私影响审计也是审计中非常重要的一项，数据安全的一个重要方面就是隐私保护。审计人员要对隐私安全进行审计，以确保系统能保护用户的个人信息不被窃取或贩卖，并确保用户的个人信息在开发和运营的每个阶段都具有机密性、完整性和可用性。

性能审计也是审计的一部分，但是其在审计中的比重不高，具体包括对各种服务质量和等级的确认等。

1.6.3 云经纪商

随着云计算的发展，云服务的使用和集成越来越复杂，尤其是某些客户在不同区域和不同领域需要不同的云服务，在技术和商务上都有各种特殊的需求，这些云消费者会向**云经纪商**购买云服务，而不是直接向云服务提供商购买。云经纪商从业务和技术的角度帮助云供应商和云消费者，协调两者的关系，管理云消费者对云服务的使用，并管理云服务的性能，以及把服务分发给不同的消费者。云经纪商也可以翻译成云代理商。

云经纪商包括三类角色：
- 服务中介：通过改进某些功能或者提供增值服务为云消费者服务，如对云服务的访问、用户身份管理、性能报告和增强安全性等。
- 服务聚合：把多个服务组合并集成到一个或多个新服务中，如多云管理等，以确保云消费者和多个云服务提供商之间的数据安全等。
- 服务套利：这个和服务聚合类似，只是被聚合的服务不是固定的。服务套利意味着云经纪商能够灵活地从多个机构中选择服务。云经纪商能够为客户选择价格最低的 CDN 服务商，从而选择性价比最高的服务。

1.6.4 云运营商

云运营商主要解决云消费者和云服务提供商之间的连接和数据传输等问题。云运营商通过网络或其他设备向云消费者提供接入服务，同时分发数据等。一般而言，云运营商都是网络运营商或者电信运营商，如中国移动、中国联通和中国电信等。云计算厂商和云运营商会一起设置服务等级协议，为云消费者提供一致的服务。

1.6.5 云计算厂商

最后让我们来聊聊云计算厂商，它在完整的云计算参考架构里是最复杂的一项。首先是服务编排部分，包括服务层、资源抽象和控制层以及物理资源层，如图1-8所示。

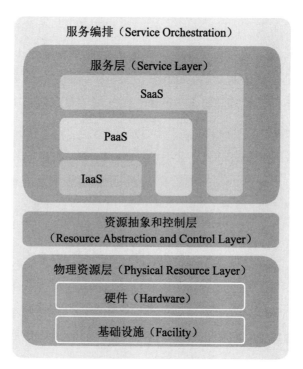

图 1-8 云服务编排

服务层就是我们讲的 IaaS、PaaS 和 SaaS，这里就不赘述了。中间层是**资源抽象和控制层**。比如虚拟化就在资源抽象层，KVM、Xen 和 VMware 等都是这一层非常重要的技术，它们为云计算的发展奠定了扎实的技术基础。控制层包括资源分配、访问控制和用量监控等技术，这些技术能够让云计算提供资源池、动态分配和可计量服务等。随着云计算的发展，诸如 OpenStack、Docker 和 Kubernetes 等软件也在这个层上对云的性能和功能进行了优化和提高。

物理资源层包括硬件和基础设施，所有的硬件资源都在这里，如 CPU、GPU、内存、网络设备、磁盘、特殊芯片的服务器和 FPGA 等，甚至还有把构建数据中心的空调和不间断的电源设备等归在这一层的。一般而言，IDC 和数据中心的建设人员与运维人员比较关心这部分内容，而云消费者一般不会关心如此底层的内容。

接下来介绍**云服务管理**。一般而言，从事这项工作的供应商通常被称为云管理服务提供商。云服务管理包括所有和服务相关的事项，而且这些事项都是管理和操作云服务不可或缺的。虽然云计算有这么多优势和特点，但是对于普通用户而言，要使用好云，发挥云计算的全部优势还需要许多不同的专业服务，这些服务也可称为云管理服务或云托管服务（Managed Service）。

云服务管理包括业务支持、部署/配置和可移植性/互操作性三大类，如图 1-9 所示。

图 1-9 给出了 NIST 关于云服务管理的示意。业务支持部分主要是和业务相关的服务，包括客户管理、合同管理、资产管理、财务和计费、报表和审计以及价格和折扣等。这一类服务主要针对业务领域，云经纪商也经常提供类似的服务。部署/配置部分主要是一些实施和运维服务，包括快速部署、资源变更、监控和报告，以及计量和 SLA 管理等，这部分内容目前被归类到运维服务中。第三部分是可移植性/互操作性，包括数据可移植性、服务互操作性和系统可移植性等服务，简单来讲就是云的迁移和管理。

云服务管理就是云角从事的领域，我们为最终客户提供业务支持、运维管理和迁移等相关服务，在云消费者和云计算厂商之间架起了连接的桥梁。我们把提供云服务管理的机构通常称为云管理服务提供商。

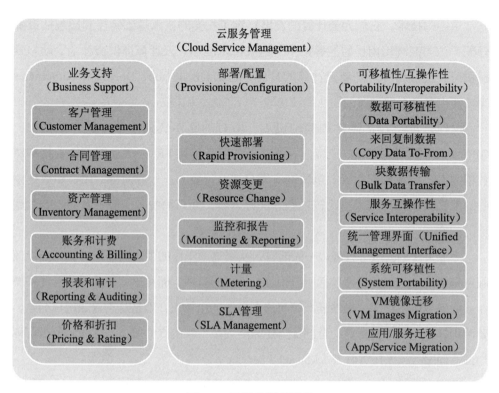

图 1-9 云服务管理示意

随着云计算的快速发展，NITS 的定义其实早已过时。根据全球最具权威的 IT 研究和顾问咨询公司高德纳（Gartner）的分类㊀，云管理服务提供商提供两类专业服务和托管服务。专业服务包括咨询、迁移和实施等项目型工作，托管服务包括系统维护等相关工作。针对 IT 的稳态（Mode 1）和敏态（Mode 2）的不同应用场景，云管理服务提供商分别提供不同标准的服务。云管理服务提供商一般还通过**云管理平台**（Cloud Management Platform，CMP）管理和优化客户的云资源。它是一套完整的管理工具，支持混合云和多云的管理，如图 1-10 所示。

㊀ Critical Capabilities for Public Cloud Infrastructure Professional and Managed Services, Worldwide, 12 May 2020, https://www.gartner.com/document/code/401603?ref=ddisp&refval=401603。

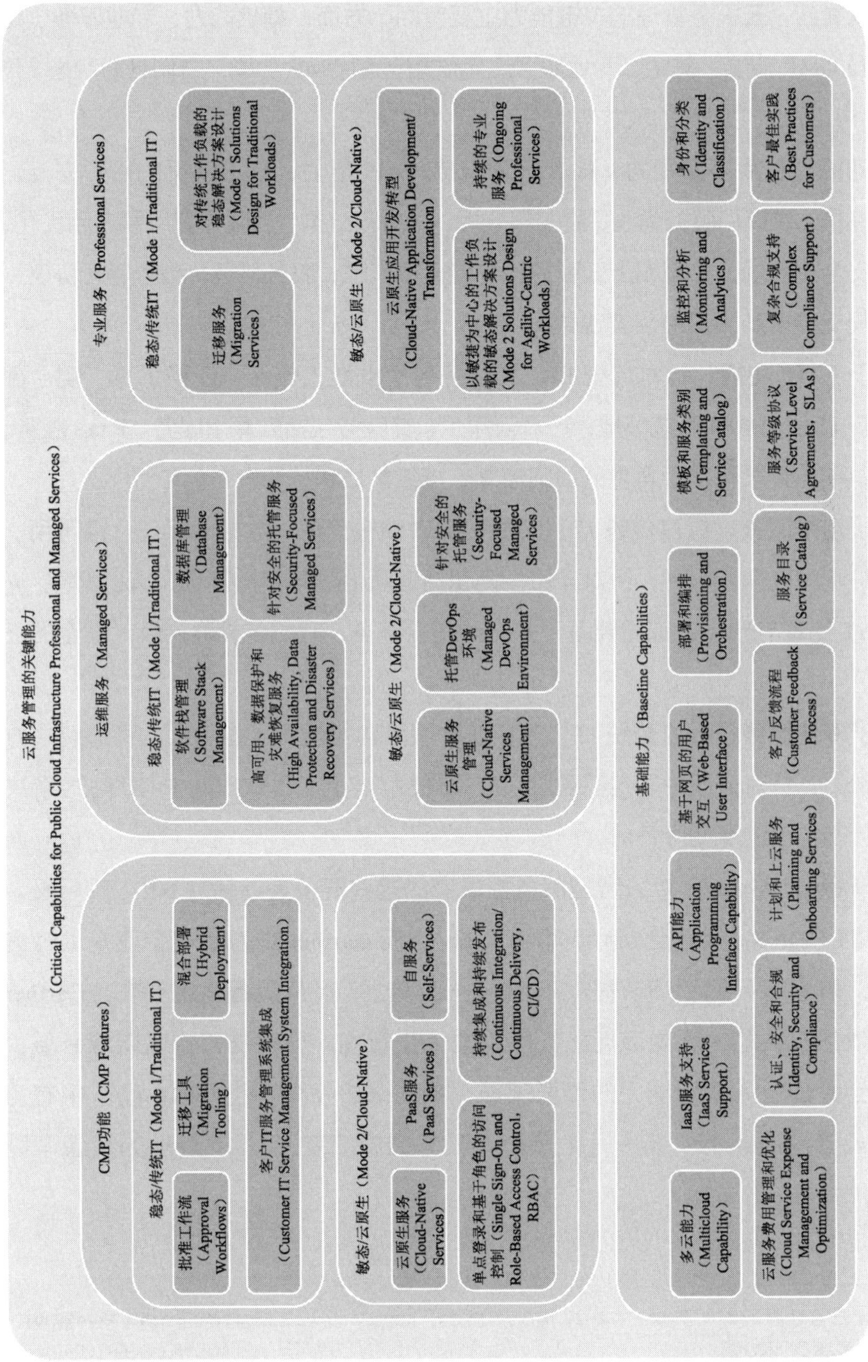

图 1-10 Gartner 关于云服务管理的关键能力

可以看到，云服务管理的关键能力主要有四个方面：基础能力、专业服务、运维服务及 CMP 功能。其中，专业服务、运维服务和 CMP 功能，它们针对稳态 / 传统 IT 架构和云原生时代的敏态架构有完全不同的要求。

基础能力包括多云能力，IaaS 服务支持，API 能力，基于网页的用户交互，部署和编排，模板和服务类别，监控和分析，身份和分类，云服务费用管理和优化，认证、安全和合规，计划和上云服务，客户反馈流程，服务目录，服务等级协议，复杂合规支持以及客户最佳实践共 16 项。

对于 **CMP 功能**：针对传统 IT，其服务包括批准工作流、迁移工具、混合部署和客户 IT 服务管理系统集成；针对云原生，其服务包括云原生服务、PaaS 服务、自服务、单点登录和基于角色的访问控制、持续集成和持续发布。

对于**运维服务**：针对传统 IT，需要提供软件栈管理，数据库管理，高可用、数据保护和灾难恢复服务；针对云原生则包括云原生服务和托管 DevOps 环境。无论传统 IT 还是云原生，都需要基于安全的托管服务，我们将其称为针对安全的托管服务。

对于**专业服务**：针对传统 IT，包括迁移服务和对传统工作负载的稳态解决方案设计能力；针对云原生则包括云原生应用开发 / 转型、以敏捷为中心的敏态解决方案设计及持续的专业服务。

可以看出，Gartner 对云管理服务提供商的这些要求远远超过 NIST 的定义。毕竟 NIST 的定义是由标准制定机构定义的，而 Gartner 是为商业企业提供咨询服务的，两者的目的和细节程度不在同一水平上。而从服务角度而言，Gartner 的定义依然有缺陷，比如最近比较热门的人工智能、区块链和物联网等领域，未来也会是云服务管理能力的重要领域。我的微信公众号"热罐小角"中有一篇关于云管理服务的文章——《云管理服务的新演变》[⊖]，有兴趣的读者可以看一下。

⊖ 《云管理服务的新演变》，2020 年 3 月 15 日，https://mp.weixin.qq.com/s/oJbWTWd5RWKxAK2KD5eKQQ。

云管理服务提供商还提供安全和隐私方面的服务。在中国市场上，从事这项业务的公司主要有埃森哲、毕马威、德勤和凯捷等咨询公司，此外还有一些传统的 IT 服务提供商及一些创业公司。这个市场的竞争是非常激烈的，随着云计算的不断发展，相信会有越来越多的企业加入这个市场中，彻底把云服务市场变成 IT 服务的红海。

1.7 总　　结

本章介绍了云计算的一些基础知识，包括什么是云计算。简单地说，云计算就是像用自来水或者用电一样使用数字资源。云计算具有按需自助、随时随地的网络访问、资源池、敏捷和弹性以及可计量服务的特点。正是由于云计算的这些特点，不仅给 IT 部门带来了巨大的变化，而且给市场等其他部门也带来了巨大的变化。运用云计算的理念还可以解决许多企业在管理和经营中出现的问题。此外，云计算的安全性更高，它可以和客户共同保障数据和资源，从而达到更高的安全标准。

更专业地讲，云计算包括 3 种服务模式和 4 种部署模式。3 种服务模式分别是基础设施即服务、平台即服务及软件即服务。随着云计算的发展，还出现了无服务器计算和业务流程即服务。4 种部署模式包括私有云、社区云、公有云和混合云。在完整的云计算参考架构下，云计算行业的角色包括云消费者、云审计商、云经纪商、云运营商和云计算厂商。在云计算厂商里有一个非常重要的角色叫作云管理服务提供商，在过去十几年的发展中，云管理服务提供商逐步成为全面的 IT 服务提供商，为云消费者提供包括稳态和敏态架构的全方位 IT 系统专业服务和运维服务。

云计算的理念和方法论给相关行业和企业带来了巨大的变化，这些变化不仅涉及企业的技术部门，而且涉及企业的其他部门。其实，云计算的理念是在不确定性的环境中通过对各个部门的改造而不断发展的，这可以帮助企业快速应对市场的变化。在管理和经营企业的过程中，企业管理者需要进一步追求各部门之间和流程的**敏捷性**、**按需响应**和**弹性**变化，这样才能适应市场的快速发展和变化。在接下来的 9 章中，我会从企业管理的不同角度，通过对云计算的能力和理念的解读来分析企业管理中出现的问题，并进一步讨论云计算技术在企业中的应用及其对相关商业模式的影响。

第 2 章

CIO 的福音

云计算让 IT 行业发生了巨大的变革，对 CIO 来说更是如此。本章将介绍基础云计算对 CIO 的巨大帮助，以及云计算的运行模式和服务的可用性，从而打开 CIO 利用云计算解决问题的思路。

2.1　CIO 的工作

现今大部分企业都有 CIO 这个职位，即首席信息官，其全称是 Chief Information Officer。这个职位一般在企业内部设立，主要是在企业的信息技术（Information Technology，IT）部门设立，负责企业的 IT 战略及其实施。

CIO 除了管理企业内部的硬件系统、软件系统和数据，以及帮助企业 CXO 级别的管理者更加有效地进行决策和管理外，还要负责研究新的技术和数字化战略，从而为业务提供技术支持并揭示相关风险。

随着 20 世纪 50 年代计算机技术逐步用于企业运营，CIO 这个职位也逐渐出现在了企业的高层名单中。当时的企业需要专业的技术人员来维护相关的计算机系统并保障系统可用。最初，IT 部门就是公司里负责安装和配置计算机的部门，比如配置台式机，安装操作系统和应用软件，并把相关的账户信息等配置好。随着 IT 在业务里变得越来越重要，企业需要使用服务器对外提供服务，这时 IT 部门就承担着数据中心的服务器维护、IT 设备采购、现有的 IT 系统维护、新的系统和应用交付等职责。CIO 作为 IT 部门的负责人，需要和企业的各个部门打交道，向不同的前台业务部门和生产部门，以及后台财务部门和人力资源部门提供服务，他所从事的工作是整个企业信息技术工作的基础。

从 20 世纪 90 年代开始，互联网快速发展，市场上的数字化内容越来越多，企业对数字化水平的要求也越来越高。企业运营需要更多地依靠数字技术，CIO 便顺理成章地被引入企业发展战略中。此时 CIO 需要思考的问题变成**如何利用互联网或各种数字化技术和平台帮助企业更快速地发展**。未来，每个公司都是"技术"公司，CIO 需要帮助企业的管理者考虑如何利用现有的技术和新兴技术实现数字化转型，加速融入数字经济。

到了 21 世纪，尤其是最近几年，由于云计算、大数据和人工智能等新兴技术的快速发展，CIO 在企业中的作用显得越来越重要。这些技术逐步深入企业的运营和个人的日常生活中，已然成为不可或缺的一部分。同时每个消费者对企业的要求越来越高，希望企业能在数字化工具和平台上提供优秀的应用和良好的体验，帮助自己完成任务。这种期待对企业的 CIO 提出了巨大的挑战，因为企业需要利用技术来满足这种体验。

企业在数字技术上如果被竞争对手超越，很有可能会引起连锁反应，如员工流失、企业对市场的响应速度下降、产品质量出现问题等，这些因素非常有可能导致整个企业出现问题甚至破产。在存在如此不确定的高风险的情况下，如何利用数字化技术提高企业的竞争力成为企业成功的关键。

根据当前大部分企业的情况，我简单总结了一下 CIO 的主要责任，包括但不限于以下几方面：

- 选择适合企业的技术架构和路线，比如使用第三方的 SaaS 还是自行开发，使用 Java 还是微软的 .NET 技术栈。
- 评估、采购和部署新技术，如容器和云原生技术等。
- 建立和维护技术基础设施，如数据中心、私有云和公有云等。
- IT 系统的实施、部署和交付。
- 确保系统的可用性和可靠性，如每个月的宕机时间不能超过 30 分钟等。
- 优化技术资源的支出，为企业提供最高的价值和投资回报率。
- 确保企业内部系统和技术满足安全性的需求。
- 研究和评估新兴技术，决定在哪里使用，并计划和组织如何利用这些技术帮助企业获得近期或远期收益。

当然我们也可以把 CIO 的职责分为战略、变革、执行和沟通四部分，如图 2-1 所示。在战略层面上挖掘资源，制定战略，布局信息体系，评估价值等；在变革层面上重组流程和体系，完善标准，优化管理等；在执行层面上整合资源，对系统进行选型并收集信息和监理工程；在沟通层面上安排培训，协调关系，发现问题和打造团队。这种分类主要是基于 CIO 作为高管的视角进行的。

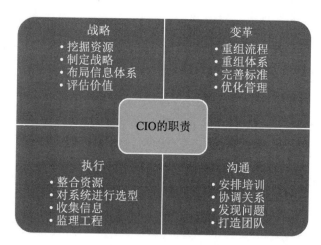

图 2-1　CIO 的职责

技术的快速变化导致 CIO 面临的挑战越来越大，云计算的出现则大大缓解了 CIO 面临的压力。由于云计算具有按需自助、随时随地的网络访问、敏捷弹性和可计量等特点，让 CIO 在做具体的 IT 系统计划、评估和交付时的灵活性大大增加，解决了传统 IT 部署周期长、维护成本高、安全保障低等痛点。接下来通过几个例子分析云计算是如何解决 CIO 管理的 IT 部门所面临的几个常见问题的。

2.2　如何快速部署成千上万台服务器

为了迎接新年的到来，某化妆品公司要在跨年举办一次直播促销活动，并邀请著名的网络达人参与直播，配合跨年庆典。预计这场促销和直播有 5 万人同时观看，这可愁坏了公司的 CIO。目前这家化妆品公司的 IT 部门有五年前自行建设的数据中心，这个数据中心平时要支撑公司内部的销售管理系统和人力资源系统等应用，空余的服务器加上自建的直播平台共有 200 台服务器，可以支持 2 万人同时在线观看直播。如果要支持 5 万人同时观看直播，至少还需要增加 300 台服务器及大约 2GB 的带宽。另外，下单平台需要和公司内部的系统对接，还要增加

10 台服务器负责处理下单和支付等流程。

CIO 需要考虑的是如何满足这个需求。正如我们刚才总结的 CIO 职能，他需要评估系统需要的资源，选择最优的解决方案并满足业务部门的实际需求。按照传统的做法，CIO 需要走传统的 IT 购买流程，包括和财务部沟通，申请额外的预算，通过采购部从供应商那里购买硬件资源。等待供应商交货以后，在数据中心部署好硬件，再部署相应的软件，之后还要进行各种测试，确保系统能够正常运行，最终才能满足业务部门的需求。

我们可以看出，这个流程涉及财务部、采购部、业务部、IT 部及外部供应商，还需要和数据中心进行协调。要完整地走完整个流程至少需要数周甚至数月。但是时间不等人，跨年的商机稍纵即逝，如果错过了这个机会，这场促销直播就失去了商业价值，因此不可能采用这种传统的流程。

从另外一个角度来看，这是一个典型的业务需求推动技术发展的例子。在 10 年前甚至 5 年前，这种直播的场景非常少见，而如今通过直播进行促销的案例已经遍布中国大地，对计算资源敏捷性的要求其实是云计算产生的一个非常重要的原因。亚马逊就是为了解决计算资源的不平衡，才促进了对亚马逊云的研发，从而改变了世界 IT 产业发展，甚至改变了数字经济的格局。

如果使用云计算的话，这个问题应该怎么解决呢？对于熟悉云计算的 CIO 来讲，这根本就不是问题。我们需要分两种情况来讨论。

1. 自建直播平台已经在云上

如果自建的直播平台已经在某个云计算厂商的平台上，此时 IT 部门的运维工程师可以到这个云计算厂商的自服务管理界面中，直接通过现有的配置在云上部署需要的服务器。我们一般把这些服务器称为**虚拟机**（Virtual Machine），即在实际的物理硬件上虚拟出多台逻辑上的服务器。然后把这些完全一样的虚拟机加入某一个资源池中，同时对外提供服务。事实上，今天的 IT 运维工程师连这样的工作都不需要手工来做。他们一般会编写一个自动化脚本，修改一些配置信息，如需要的服务器的数量和规格等，然后执行这个脚本就可以了，剩下的工作就是等待服务器的部署和软件安装完成后再执行一段新的测试脚本或代码，保证系统能够正常运行即可。

当云平台收到部署几百台虚拟机的指令以后，会在整个资源池中寻找空闲的计算资源，自动分配并创建需要的虚拟机，这个过程取决于云平台的处理能力。创建多台虚拟机的工作通常都是并行的，一般而言，在已经配置好的环境中创建1台虚拟机的时间和创建100台虚拟机的时间几乎是一样的，大概5～10分钟，运气好的话1分钟就能全部完成。

和传统的IT采购流程相比，这个流程不涉及财务部和采购部，只涉及IT部门和云计算厂商，从周级别的部署效率直接提升到分钟级别，大大提高了业务系统的部署和实施效率，这和过去不可同日而语。

2. 自建直播平台在自有数据中心上

还有一种情况也是很常见的：自建的直播平台在自有数据中心上。这种情况稍微复杂一些，需要在云上部署全新的虚拟机，这个全新的虚拟机上只有"干净"的操作系统，在这个操作系统上安装需要的软件并进行需要的配置即可。接下来把这台服务器作为一个标准的**镜像**（Image），剩余的工作和前面的情况差不多，我们可以通过操作界面或者自动化脚本在这个标准镜像上创建相应的虚拟机，从而对外提供服务。

当然，我们还需要选择是让现有的数据中心和云上的虚拟机同时对外提供服务，还是让云上的虚拟机单独提供服务。如果是前者，需要配置相应的网络并对数据进行同步，这叫作**双活**；如果是后者，那么可能需要考虑迁移数据和系统。当然也可以做一些**灾备**（Disaster Recovery）方案，用自有数据中心保存敏感数据，用云上的虚拟机提供生产系统的服务。这些我们会在后续章节中介绍。

使用公有云计算平台在极短的时间里快速部署多台服务器是云计算能解决的诸多问题中最简单的一个，主要体现了云计算**资源池**和**敏捷**的特点。一般而言，私有的数据中心不可能有太多空余可用的资源，虽然它也能够快速创建虚拟机，但是数量上一般有限制。公有云平台的超大规模决定了它能够快速提供巨大的资源池，从而满足用户的需求。

2.3 云计算的运行模式

在 2.2 节中我们提到了如何快速部署多台服务器来满足业务部门及客户的需求。在 CIO 的日常工作中，其实面临着业务部门的各种需求，同时由于受 IT 预算的限制，必须在投资有限的情况下找到一个投入的最优解。由于 IT 投资部署需要时间，而客户的需求却会随着时间和季节的变化而不断变化，这就导致要么浪费资源，要么客户的需求无法得到满足。

如图 2-2 所示为传统的数据中心，其中，实线表示实际的需求，虚线表示 IT 部门计划的计算能力。随着时间的变化，虚线以下、实线以上所包围的灰色部分，其实就是计算能力被浪费的部分；而实线以下、虚线以上所包围的部分，就是客户需求无法得到满足的部分。例如，前几年我们在双十一下单的时候常常会看到服务器太忙或者 Server Error 500 错误，就是典型的计算能力不足而导致网站停止服务的例子。

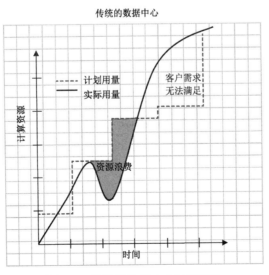

图 2-2 传统的数据中心缺乏弹性

当云计算出现以后，由于云计算具有**弹性**的特点，可以紧贴客户的实际需求自动增加或减少计算资源，从而化解需求和供给的矛盾，图 2-3 很好地体现了这一点。计算资源的供给能够比较好地贴合客户的需求，当客户的需求增加时，计算能力会自动增加，当客户的需求降低时，计算能力自动降低，这样既没有造成资源浪费，又使所有客户的需求得到了满足。

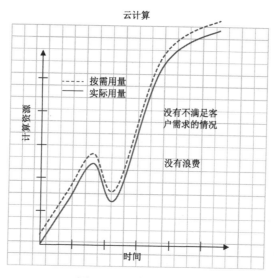

图 2-3　云计算的弹性

一般而言，IT 系统的运行模式有 5 种：稳定模式（Stable）、开关模式（On & Off）、快速增长模式（Fast Growth）、不可预测爆发模式（Unpredictable Bursting）和可预测爆发模式（Predictable Bursting）。在这 5 种模式中，除了第 1 种模式对弹性没有需求以外，后面的 4 种模式都可以利用云计算的弹性特点来提高效率。接下来详细解释一下。

1. 稳定模式

稳定模式（见图 2-4）一般针对计算资源需求比较稳定的系统，如访问人数比较稳定的公司官网，或者持续使用率在 80% 以上的重度计算应用。这些系统对计算资源的需求是长期且比较稳定的，不受时间和客户需求的影响，是否使用云计算，对这种应用的影响不大。

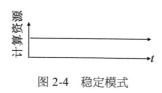

图 2-4　稳定模式

2. 开关模式

开关模式（见图 2-5）主要针对在特定时间需要开启应用，而在其他时间可以完全关闭应用的场景。例如，证券公司的炒股系统，在开盘时间需要开启应用，收盘以后就完全不需要了，还有批处理的任务，执行完成以后就可以停止。此外还有拍卖系统，如上海每个月的车牌拍卖系统，只有在某一段时间内需要使用，其他时间都不需要。这种模式在传统的数据中心必须按照最大容量配置计算资源，在不用的时候会造成巨大的浪费，而在云计算平台下则完全不会出现这种问题。

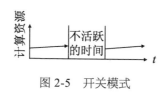

图 2-5　开关模式

3. 快速增长模式

快速增长模式（见图 2-6）主要针对随着时间的增长或者业务的进展，客户对计算资源的需求越来越大且不断地快速增长的场景。这种情况一般出现在快速增长的企业中，如前几年的拼多多和字节跳动等。随着业务的增长，计算资源的增长如果能够贴合需求，那么就能用最优的成本对外提供服务。这种模式非常适合云计算，利用似乎没有上限的资源池，我们可以根据客户的需求增长而持续地增加计算资源。

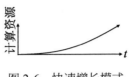

图 2-6　快速增长模式

4．不可预测爆发模式

不可预测爆发模式（见图 2-7）针对计划外的流量和需求快速增加的场景。比如 2012 年 4 月，苏门答腊岛发生 8.6 级地震，当时各地震台网站的查询量突然激增，甚至都出现了不可访问的情况。再比如 2020 年新冠疫情在北美和欧洲暴发以后，各航空公司的订票系统也遭遇了一波预测外的订票高峰。上述情形都是不可预测爆发模式的体现。不可预测爆发模式是最适合使用云计算的，因为云计算可以根据需求的变化快速反应，动态变化，这是传统的 IT 模式完全无法解决的。

图 2-7　不可预测爆发模式

5．可预测爆发模式

可预测爆发模式（见图 2-8）针对流量增长是计划内的，但是需求增长的顶峰可能无法预测的场景。比如一年一度的双十一庆典，这个需求的爆发是确定的，但是最大的需求量是未知的。可预测爆发模式通过传统的 IT 数据中心能够解决一部分需求，但是由于其最高容量未知，传统方式一定还会造成资源浪费，而使用云计算就不会有这个问题。

图 2-8　可预测爆发模式

今天的云计算平台已经可以全自动化地实现这种弹性,而不需要使用前面提到的管理界面或者自动化脚本等方法,这种机制叫作**弹性伸缩**(Auto Scaling)。弹性伸缩主要通过对应用程序或网络需求的监控,自动调整计算能力,即自动部署或释放虚拟机,用尽可能低的成本来保持稳定、可预测的性能。例如:可以通过监控某个应用程序同时在线的用户数量,或者监控各虚拟机对 CPU 的平均占用率,制定相应的规则来部署或释放虚拟机;还可以监控网络访问的带宽来自动增加或减少带宽。由于云计算具有**可计量服务**的特性,所以它都是通过使用量来计费的,这样既能保证需求和计算能力的一致性,又能保证成本的最优。一些具备前沿技术的公司,通过机器学习(Machine Learning)在流量变化之前自动扩展容量,能更好地实现性能和成本的一致性。

2.4 服务的可用性

IT 部门在运营软件系统时有一个非常重要的指标叫作可用性(Availability),该指标反映的是服务器能够对外提供服务的时间占总时间的比例。比如,一般的公有云计算厂商对外提供服务的可用性能达到 99.95%,意思是每年或者每个月能够对外提供服务的时间占所有时间的 99.95%,即每个月按 30 天算停止服务的时间不超过 21 分 36 秒,或者每年按 365 天算不超过 4 小时 22 分 48 秒。

看上去这个宕机的时间还挺长的。不过,如果大家了解 IT 系统的复杂性,就会知道这个要求其实很高,在单台服务器的情况下几乎不可能实现。这是因为基础设施会出现故障,如停电、网络光纤被施工挖断等,再极端一点还可能发生火灾、地震或战争等。服务器硬件也会出现故障,如硬盘损坏、内存失效或电子干扰导致服务器不能正常工作。在软件层面,操作系统的定期更新会导致服务的中断,应用程序功能的更新也会影响服务的可用性。此外还有黑客攻击和运维工程师操作失误等人为因素也会导致服务出现问题。所有的这些可能性叠加,会导致服务的可用性大大下降。这也是每到过年或过节,有些 IT 部门的人会祈祷不要出问题的原因，否则他们又不能休息了。

保障数据中心服务的可用性是 IT 部门的责任。各种内部和外部的因素会导致可用性不可控。随着云计算的出现，CIO 可以将大量基础服务的可用性的责任让云计算服务供应商承担，他只关心和业务相关的应用的可用性即可，这样就可以降低管理的复杂度。一般而言，99.95% 的可用性已经能够满足大部分客户的需求，对大部分企业而言，在半夜服务中断几个小时对实际业务不会造成太大影响。

保证服务的可用性除了技术手段之外，还有财务和法律手段。财务手段是指出现服务问题后的赔偿措施，法律手段是指保障这些赔偿的具体方法。云计算服务供应商一般会提供保证服务的可用性或者服务质量的协议，我们把它称作**服务等级协议**。在这份协议里，一般会规定云计算服务的等级和质量，还会规定可能会出现的问题，以及出现问题怎么赔偿等。这是一份非常重要的协议，所有的 CIO 在使用云计算之前，都需要和财务及法务部门一起仔细地审核不同供应商提供的服务等级协议，从而选择最符合自己需求的供应商。服务等级协议越严苛，也就意味着价格或成本越高。比如金融行业可能需要 5 个 9 的可用性，即 99.999%，这意味着每个月按 30 天算的服务中断时间不得超过 25.92 秒，每年按 365 天算的宕机时间不超过 5 分 15 秒。这个要求决定了金融行业的系统需要使用类似于"两地三中心"的冗余架构做保证，其成本也会数十倍或者百倍地增加，在绝大多数场景下并没有必要达到这么高的要求。

让我们来看看不同的可用性可以适用的不同场景，见表 2-1。

表 2-1 可用性比较

可用性	每年（365 天）最长中断时间	应用场景
99%	3 天 15 小时 36 分	批处理、数据提取和传输等
99.9%	8 小时 45 分 36 秒	内部工具、知识管理和项目管理等
99.95%	4 小时 22 分 48 秒	在线商务和电子商务网站
99.99%	52 分 33 秒	视频和广播等
99.999%	5 分 15 秒	ATM 交易、电信和电话等

可用性有时也被称为"高可用",两者在本质上是一回事。有时候我们经常会提到**故障容许度**(Fault Tolerance),也就是允许出错的概率。为了保证高可用,我们通常会把 IT 系统设计为各种冗余的架构,以便在系统出错的情况下保障服务不中断。

云计算解决了 CIO 在可用性上的大部分问题。就算是稳定的系统,也建议将其放在云计算平台上,毕竟有可用性的法律保证更安全。接下来进一步讨论在极低概率下出现灾难时如何解决问题。

2.5　地震、火灾不常有,真出事了怎么办

对于 CIO 领导的 IT 部门而言,保障 IT 系统的稳定运营是应尽的职责。接下来我们讨论的是更极端的情况:万一出现地震、火灾甚至战争等情况,应该如何保证数据的持久性,以及在灾难之后如何快速恢复数据。

先举个日常的例子,比如我们都喜欢用手机来拍照,照片都存储在手机里。为了让手机能保存更多的照片,我们会选择用 64GB 存储容量或者 256GB 存储容量的手机。如果碰巧你的手机掉到水里了或者被人偷了而没有办法开机,你是否想过照片和数据怎么办?如果你的数据并没有保存在云上,那么你只能去手机维修店碰碰运气。如果存储模块没有坏,那么数据还能恢复,否则这些数据可能就完全找不回来了。同样的场景还经常发生在个人计算机上,一般我们不太考虑存储数据的硬盘会坏掉,但是机械硬盘或者 SSD(固态硬盘)都是有寿命的,它们在一台计算机上运行了几年以后,硬盘磁道损坏的概率很高,如果没有备份,那么数据大概率也找不回来了。

随着云计算的出现,这种问题已经得到解决。无论你用的是华为手机还是苹果手机,都可以把诸如照片、短消息和邮件等重要的数据自动备份到华为云空间、苹果 iCloud 或者百度网盘上,这样就算手机损坏、丢失,或者你更换新的手机,都可以自动把数据同步回来,而不用担心丢失。可能有人会问,云上

的数据就真的不会丢吗？

这是个很好的问题。云上的数据的确也会丢失。不过由于云管理和个人管理的方式不同，商业级别的数据一般都有 3 个备份，同时这些备份会被放在不同的数据中心，就算某一个数据中心的数据丢失或损坏了，也可以通过其余两个备份同步回来。不过即使这样，公有云服务提供商对数据的丢失也有一个可以量化的指标，叫作**持久性**（Durability）。比如 AWS 有一个产品叫作**简单存储服务**（Simple Storage Service，S3），这是一种对象存储的服务，我们可以认为一个对象就是一个文件。S3 提供年度 11 个 9 的持久性，即 99.999999999%。简单地说就是 100 亿个数据对象每年可以丢失或损坏的数量不超过 1 个，或者说 1000 万个对象每 1 万年丢失或损坏的数量不超过 1 个。这个标准远远高于家用的硬盘或者手机，就算是许多企业运营的数据中心也达不到这个标准。

当然在某些 CIO 看来，数据是 100% 不能丢的，在任何时间、任何情况下都不允许。这其实是一种美好的愿望。就像开车出门不出车祸，坐飞机永远都不会遇到空难一样，虽然出事的概率极低，但是永远都不可能是 0。关键在于我们愿意花多少成本来避免这种概率极低的风险。当然，有些行业的数据的确永远不允许出现问题，如金融核心数据。如果哪天存在银行的账户余额数据丢失了，相信这家银行大概率要破产了。

地震、火灾这类事件都属于不可抗力，法律规定是可以有豁免责任的。不过对于 IT 部门而言，必须要做足准备工作，以保证这类事件尽量不要发生。为了保证业务的连续性，就算发生了灾难也能够快速恢复，这方面的工作被称为**灾难恢复**（Disaster Recovery），也可以将其称为灾难备份或者灾备。

灾备有两个指标是需要了解的。一个是**恢复时间目标**（Recovery Time Objective，RTO），也就是从服务中断到服务恢复最长可以接受的时间，即服务最长能中断多久，如 1 小时或者 10 分钟；另外一个是**恢复点目标**（Recovery Point Objective），指的是服务恢复得到的数据所对应的时间点，也就是上一个数据备份的时间点。

如图 2-9 所示为 RTO 和 RPO 之间的关系。

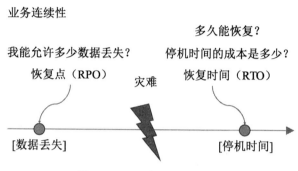

图 2-9　RTO 和 RPO 的关系

云计算有 4 种不同的架构可以提高灾难恢复的 RTO 和 RPO，这 4 种架构使 RTO 和 RPO 不断缩短，成本越来越高。

1. 备份和还原架构

备份和还原架构是指定期进行备份，包括进行数据备份和系统架构备份。如果出现问题的话可以恢复到上一个备份的时间点，RPO 就是上一个备份的时间点，RTO 取决于数据量和数据传输的速度，即所有的备份数据从备份系统恢复到生产系统的时间。云平台上这种方案的成本是最低的，基本上只需要在第一次备份的时候把所有的数据备份一次，之后定期进行备份。备份的数据是上一次备份到这一次备份的数据增量部分，这种备份也叫作**增量备份**。

2. 指示灯

指示灯（Pilot Light）是把数据和最小的运行服务做一个备份。虚拟服务器等相关服务平时都是关闭的，此时在云计算平台上只会产生非常少的费用。如果出现问题就立即开启这个备份的服务，以保证服务能快速恢复。这种方法的 RPO 也是上一个备份的时间点，RTO 是开启服务的时间，由于不需要传输数据，只需要快速开启虚拟服务器，所以比上一种方法快得多。当然，由于要做服务的备份，所以成本会相应增加。一般我们把这种架构叫作**冷备份**（Cold Standby）。

3. 热备份

热备份（Hot Standby）也可以叫作完全运作的低容量备份。热备份方式下两个系统同时工作，服务也是开启的，只要主系统出现问题可以立即切换到备份系统，只是备份系统的容量比主系统要小。这个架构的 RPO 依然是上一个备份的时间点，RTO 很快，几乎可以做到实时，而成本由于备用系统一直开机，比冷备份的方式更高。

4. 双活

双活（Multi-Site）就是放两个一模一样的站点，同时对外提供服务，即使其中一个坏了也不会影响任何对外的服务，只是总服务容量减半了。这个架构的 RTO 就是"现在"，RPO 几乎是零，不过成本则会翻一倍。

如图 2-10 所示为 4 种灾难恢复的成本、RPO 和 RTO 对比。

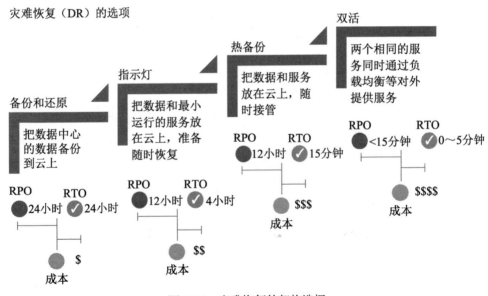

图 2-10 灾难恢复的架构选择

灾难恢复在传统的数据中心时代是一个非常重要的工作，随着云计算的出现，这部分工作负担也大大减轻了。由于在云计算平台上能够快速地部署需要的系统，这就让 CIO 对灾难恢复有了更多的控制权和选择权，可以根据业务部门的要求和成本的限制，方便、快捷地设计出一套最佳方案，从而提高整个 IT 部门的运营效率。

2.6　CIO 的新问题

当然，云计算只是解决了 CIO 从传统数据中心管理到云计算平台管理的一部分问题。选择把系统迁移到云上后，IT 部门可节省大量管理数据中心的时间，从而可以把时间用在和业务更紧密的数字化转型工作中。随着云计算被越来越广泛地使用，以及相关企业数字化转型的推进，所有的企业未来的业务系统都会运行在数字化的平台上，这样 CIO 将会越来越多地掌控企业的信息流、资金流及业务流程。

当云计算在企业中被广泛应用的同时，CIO 也需要从 4 个方面考虑出现的一些新问题，包括管控（Governance）、安全和隐私（Security & Privacy）、成本（Cost）及演化（Evolution）。

1. 管控

管控主要包括三方面：资源、数据和流程。**资源的管控**主要是指云上的虚拟机和存储等资源由于可以直接通过云平台上的自助服务进行申请，所以什么样的角色可以使用什么样的资源，以及资源的规格是如何设置的等都需要有具体的规定。有时候甚至人力资源部门或者业务部门都可以直接开通一个云服务器的账号并申请资源，这样会导致 IT 部门的规则失效甚至全面失控。**数据的管控**则是指对数据的类型和属性等进行控制，比如什么样的数据可以被存储在公有云上，什么样的数据必须放在私有云上，数据通过什么样的脱敏规则才可以传输等。**流程的管控**是指在云计算平台出现后 IT 内部的流程面临重构，需要加入许多新流程，当然也会取消许多不适用的流程,而且原来并不需要融入 IT 流程的外部云服务供应商也需要成为流程中的一环,甚至是非常重要的要素。

2. 安全和隐私

云服务供应商融入企业内部的 IT 流程之后,相关的安全和隐私也会产生变化。此时的**安全和隐私**主要包括基于角色的访问权限控制、和云服务供应商相关的安全保障、数据的持久性保障和安全隐私,甚至合规性等内容,这也是在所有情况下 CIO 绕不过去的大问题,只是在云计算出现之后,需要考虑的细节问题发生了具体的变化。

3. 成本

成本是指使用云计算的成本,主要包括固定成本和潜在的变动成本。我们提到过云的弹性伸缩,资源规模会根据需求和制定的规则自动变化,这样会导致使用云计算的成本发生变化。关于云计算成本的内容将在第 3 章中进一步详细讨论。CIO 需要依托其专业知识尽可能地考虑云计算的成本变化情况,以免对企业造成巨大的损失。

4. 演化

其实演化这个词用得不是特别准确,毕竟 IT 一直都在不断发展中,但是我很难再找到一个更准确的词来表述。演化主要是指云计算在不断变化过程中,从资源的池化,到诸如人工智能、区块链和物联网等各种新技术和新产品融入云计算平台,CIO 需要根据现有产品和新产品的变化情况,不断调整对管控、安全和隐私及成本方面的考虑,在不断变化中更新 IT 企业的内部管控和对外服务的质量。

图 2-11 对 CIO 遇到的新问题进行了总结。

当然,一些突发性事件也会给 CIO 带来许多新问题,比如 2020 年的疫情使得越来越多的员工的工作方式发生了改变。首先,大家都在家办公,需要企业提供成熟的在线会议解决方案,这样才能让员工的工作效率有所保障。其次,越来越多的人工智能技术可以对常规业务进行自动化处理，可大大提高效率并降低成本。在这些变化中，负责数字化技术的 CIO 需要推动创新，引领新技术的变革，并在企业的数字化转型中发挥重要的作用。

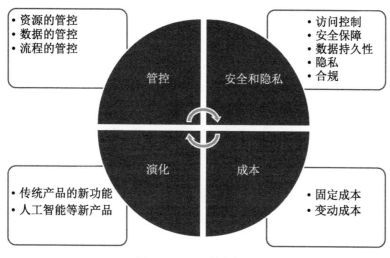

图 2-11　CIO 的新问题

2.7　总　　结

云计算的出现给 CIO 带来了许多新挑战，CIO 的职责在战略、变革、执行和沟通 4 个方面都正发生着巨大的改变。本章介绍了 CIO 的职责及云计算给 CIO 带来的影响。在云计算厂商的帮助下，CIO 部署 IT 系统的效率会得到大大的提升，能够在短时间里部署成千上万台服务器。然后介绍了云计算的 5 种运行模式，分别是稳定模式、开关模式、快速增长模式、不可预测爆发模式和可预测爆发模式。接下来又介绍了服务的可用性，也就是服务等级协议。最后介绍了数据的持久性、灾备的几种不同架构，以及 RTO 和 RPO 两个指标。

云计算给 CIO 带来了一系列的新问题，包括管控、安全和隐私、成本及演化。随着云计算的不断发展，CIO 的职责也在不断扩充。他们会越来越多地把精力放在新技术的选型上，从而推动数字化转型和业务变革，甚至有可能和负责人力资源的同事共同推动公司文化的数字化发展，彻底改变传统企业的运行模式，让企业发生巨大的变化。

第 3 章

让 CFO "又爱又恨" 的云计算

云计算经常让公司的财务感到困惑。本章将介绍云计算给会计工作和税务工作带来的变化,同时也会介绍云计算给财务工作带来的便利之处,并从融资的角度介绍云计算的显著优势。

本章我们来聊聊云计算给财务部门带来的影响。财务部门是企业运营的核心和关键部门之一。如果企业的 CEO 决定了云转型或者云优先的战略，开始研究企业的创新和敏捷性，那么财务部门则需要对这个战略可能带来的风险和收益进行量化评估与分析。CIO 决定将 IT 系统迁移到云上并持续进行云化之后，财务部门需要计算迁移到云上的成本和投资的收益，还要对新采购合同和数据安全合规性等内容进行评估。此外，财务部门在企业云转型以后，还需要评估会计记账的变化及对财务报表产生的影响，回答投资人对企业向云转型的各种问题，这对传统的财务部门的确会产生巨大的影响。

从另一个角度看，SaaS 化的财务软件和机器人流程自动化软件等生产力工具如雨后春笋般相继出现，可以帮助财务人员把日常工作 SaaS 化、自动化，会大大减轻传统财会人员日常工作的负担，这对财务部有着重大的影响。今天我们就具体来看看云计算对财务部门的相关工作有什么帮助，以及云计算会让财务工作发生哪些变化。

3.1　CFO 对云计算的困惑

对于云计算供应商服务的采购决策，需要财务部门的理解和审批。当 CIO 提出迁移上云之后，CFO 通常会关心这件事对财务工作的影响。最直接的问题是：**向云转型需要多少新的投资或预算？**这笔投资的回报率是多少？如何保证资金的使用效率？等等。CIO 则需要让 CFO 理解云计算的各种优点，如高效、敏捷和弹性等。财务部门的负责人可能会将信将疑地继续询问：云计算真的能节约成本吗？它是怎么节约成本的？节约的成本是一次性的还是持续性的？未来这类投资会不会为公司带来新的盈利增长点？

对于没有 IT 基础的财务人员而言，问出这样的问题是很自然的。事实上，云计算是一种商业模式的创新，它决定了企业在不确定性市场的全新战略和经营模式。考量云计算对企业的影响不应该只看投资回报或者节约的成本，还应该看其对企业流程的改变和整体效率的提升。

就像我在第 2 章中举的例子，以前 IT 部门决定采购一批设备走的是标准的采购流程，时间可能是几个星期。到了云计算时代，IT 部门可能不需要走什么流程，而是直接在网站上点几下就可以启动成千上万台服务器，从而大幅度提高效率。有时甚至连点几下这种事情都不用做，而由程序自动完成。这对于传统的企业流程模式而言是不可思议的，而在云计算时代，敏捷性成为业务运行的核心特征之一。财务部门要理解这种敏捷性，同时需要制定新的流程或方法来适应这种全新的变化。

由于云计算计费模式的改变，整个公司对投资和费用的会计处理模式会产生相应的变化，相应地也会影响公司采购流程和税务流程，而且公司财务报表上的成本、折旧、固定资产和利润等相关科目都会发生变化。与云计算相关的开销将会从传统的固定资产（如服务器）投资加折旧的方式，变为按租用的服务器付费或者按实际的云计算资源使用量付费的方式。由于云计算服务商或者云经纪商会提供服务等级协议，有时还会出现赔款等情况，这意味着这部分的账务处理将会从原来简单的固定资产模式变为和业务密切相关的运营模式，公司的资产负债表、利润表和现金流量表也会出现相应的改变。此外，由于相关数据不再保存在企业的数据中心，这对数据所有权、数据安全、数据隐私及数据合规性，以及企业的资产和运营情况等造成很大影响。如果是上市公司，还需要了解云计算对整个企业运营情况产生的影响，从而对投资人给出合理的解释。

以上种种都是云计算对企业财务管理产生的影响。话说回来，财务部门自己也是云计算的使用者，包括记账、报销、差旅、费用管控、预算和公司财务模型预测等，都可以使用相关的 SaaS 来完成。CFO 可以和 CIO 一起研究，采用什么样的软件和技术能够帮助企业财务部门提高工作效率，从而减轻财务人员的工作负担。我会给大家介绍几种不同类型的财务 SaaS 软件，以便提高财务人员的工作效率，更好地降低企业的运营成本。

3.2　帮助 CFO 理解云计算的几个优点

CFO 毕竟不是 IT 专业人员，他们并不需要像 IT 人员一样深刻地理解云计算的方方面面。下面我总结几个云计算和财务工作相关的要点，从而帮助财务人员快速了解云计算的优点。

- 云计算把原来要买的设备变成了租用模式，会明显改善公司的现金流。云计算会减少公司需要购买的 IT 设备，把原有的采购、运输和安装等环节都省略，可以一次性手工或自动申请所需要的资源，并且按照具体使用的时间和数量进行付费，公司只需要事先充值或者事后付款就可以。这种租用的模式可以降低资金的占用量，能明显改善公司的现金流，比过去的模式有极大的进步。

- 云计算能让财务人员更快地看到投资的效果，如果有问题可以及时更改。过去从 IT 设备采购到实际系统上线需要几周甚至几个月的时间才能完成，如果系统的预测效果和实际情况不符的话，又需要花更多的时间进行调整，效率低下。随着云计算的出现，从资源申请到出现效果只需要几分钟，最多几个小时就能完成，如果有偏差可以快速进行调整，而且没有任何资金占用或者采购需求，可大大提高生产效率，并且能提升资金预算的准确度。

- 云计算能让公司更快地接触创新技术。在云计算平台上，每个月都会有大量的新产品或者新功能上线，从大数据到人工智能，从物联网到区块链，就算是虚拟机，也有各种各样的新功能不断推出，这让我们在云计算平台上有大量的新技术可以采用，从而能让企业更贴近市场，用更低的成本尝试新技术并满足客户的需求。

- 云计算和传统的数据中心相比更安全。和企业自建的数据中心相比，云计算的数据中心无论在机房的建设等级、硬件的维护和支持程序方面，还是流程的效率和人员的管理水平方面，都要好很多。云计算提供了高级别的服务等级协议，如果出现问题还会对客户进行赔偿，能解决企业的后顾之忧。

当然，以上几点还比较粗浅，接下来会更详细地介绍云计算对财务部门的影响。

3.3 云计算创新的计费模式

云计算在IT领域有一个重要的商业创新是**按实际使用量付费**（Pay-as-you-go）模式，即根据不同的云计算产品类型，按照使用量支付相应的费用。如果不使用，那么就不需要付费。这是亚马逊云服务首创的模式，也是前文提到的云计算**可计量服务**特点。比如，我早上10点在云平台上开启了一台4核16GB内存的虚拟机，用到下午4点，然后就关机释放了这台虚拟机，总共6小时，那么我只需要付6小时的钱就可以了。又比如，我有10GB的照片存储在云平台上，那么我每个月只需要付10GB的钱即可，如果下个月我把照片都删除，那么以后就不需要付钱了。这就是按实际使用量付费的模式。传统的IT采购模式不可能做到这一点，如果我要使用机器，就必须买一台服务器，不管用不用这台服务器，钱都花了。如果买硬盘来存储的话，只能根据硬盘的容量来购买，如512GB、1024GB，而不能只购买24.37GB；也不能用就付钱，不用就不付钱。

这种计费模式在刚出现的时候的确会对企业产生一定的影响，它能够帮助企业节省许多被浪费的成本，并且还没有一次性的**资本性支出**（Capital Expense，CAPEX），而且IT的各种固定资产投资变成**运营性支出**（Operational Expense，OPEX）。这种方式能够明显改善企业的现金流，很多人也用这一点来说服CFO，以此说明云计算在财务上的优势。对于现金流紧张的公司或者创业公司而言，这的确是一个优点。不过也要考虑不同企业的记账规则和模式，如果公司使用的是息税折旧及摊销前利润（Earnings Before Interest, Taxes, Depreciation and Amortization，EBITDA）的模式，则对财务人员的吸引可能没有那么大。

由于客户需求的多样性，按实际使用量付费的模式并不是云计算唯一的计费模式，它只是云计算相关产品和资源付费模式中的一种。根据目前大多数云计算供应商提供的模式，表 3-1 中对云计算相关的资源、软件和服务的付费模式进行了总结。

表 3-1　云计算的不同付费模式

	付费模式	产品	具体方式
1	一次性付费购买所有权	硬件所有权或软件授权	一次性购买硬件和软件的所有权，例如购买华为服务器、Oracle Exadata 或微软数据库的某个版本的授权等
2	订阅模式，按月或按年付费	SaaS	按照某计量单位及服务时长购买服务的使用权，例如购买 100 个用户 12 个月的微软 Office 365 的使用权
3	按需付费，根据实际使用量付费	云计算产品	按照产品的规格和使用时长付费，不使用时就不付费。例如，使用了东京区域的 AWS EC2 t3.micro 实例 2 小时 20 分 17 秒，则只支付这段时间的费用
4	1 年或 3 年的承诺，无预付，按月支付	特定的云计算产品	针对某些特定的产品，承诺可足月使用，但是不进行预付，在每个月的所有时间内，无论是否使用都支付使用费
5	1 年或 3 年的全额预付费	特定的云计算产品	针对某些特定的产品，云计算厂商提供全额预付费的选项，即预先支付全年的使用费，从而获得一定的折扣。AWS 把基于这种付费模式购买的 EC2 实例称为预留实例
6	1 年或 3 年的部分预付费	特定的云计算产品	针对某些特定的产品，部分预付费选项也能获得一定的折扣，预先支付一部分费用，剩余的部分按月支付，从而使用需要的资源
7	套餐付费模式	特定的云计算产品	针对某些特定的产品承诺一定的使用量，从而获得一定的折扣。承诺的使用量按照折扣费率收费，超出的部分按照常规的按需费率付费。例如，电信运营商的语音、流量和短消息套餐，AWS 的节省计划等
8	拍卖付费模式	特定的云计算产品	按照需要对不同的资源进行拍卖，价格最高的用户会获得资源的使用权，按照拍卖价格付费。AWS 的 EC2 产品就支持这种模式，被称为 Spot 实例

在上面介绍的 8 种付费模式中，第 1 种就是传统的 IT 购买模式，其余 7 种都是云计算对计费模式的创新。以亚马逊云服务 AWS 为例，如果我要在东京区域购

买型号为 t2.2xlarge 的 Windows 虚拟机[一]，包含 8 个 vCPU 和 32GB 内存，按照用 1 年的标准，各付费模式和价格有很大的差别，如表 3-2 所示。

表 3-2 AWS 虚拟机的不同付费模式

付费模式	预付	每月	每小时价格	节省	按需费率
不预付	0 美元	239.88 美元	0.329 美元	32%	
部分预付	1371 美元	114.25 美元	0.313 美元	36%	0.4864 美元
全预付	2687 美元	0.00 美元	0.307 美元	37%	

此外，还有阶梯式的批量折扣，如低于一定金额的部分是原价，超过的数量则会有 5%～10% 的折扣等，这些计费模式都会对财务工作产生极大的影响。

3.4 会计和税务处理

由于云计算的具体架构和计费模式比较复杂，在会计处理和税务处理上会有不同的考虑，对于 IaaS、PaaS 和 SaaS 的处理也各不相同。简单地说，硬件和传统的软件授权可以认为是我们前文提到的资本性支出，当公司迁移到云上以后，这部分支出转换成运营性支出，云的资源和软件按照用量每月或者每年进行支付，具体方式可以参考表 3-3。

表 3-3 对不同云计算种类的会计处理

	种类	具体方式	会计处理	举例
1	基础设施	基础设施是云服务提供商的资产	按照使用的生命周期进行摊销	AWS 专有实例
		基础设施所有权属于企业	按照固定资产折旧进行摊销	私有云和混合云
		基础设施以服务的形式交付给企业内部或第三方数据中心	考虑以服务费的形式计入成本	Oracle 私有云

[一] https://aws.amazon.com/cn/ec2/pricing/on-demand/，2021 年 2 月获得的数据。

（续）

	种类	具体方式	会计处理	举例
2	托管服务	按照使用的资源和时间向供应商支付订阅费用	服务费，作为成本或费用	数据中心托管
		按需通过互联网提供服务	服务费，作为成本或费用	公有云
3	软件	软件授权的方式	成本或作为资产摊销无形资产	传统软件
		软件订阅的形式	计入服务费，作为成本或费用	SaaS 软件
4	租赁模式	通过融资租赁的方式使用基础设施	财务费用及服务费	
5	赔偿	由于服务中断或出现问题，根据服务等级协议产生的补偿或赔偿	冲抵成本或者记为营业外收入	由于公有云服务中断产生的赔偿金

更专业一点讲，按照美国公认会计原则（Generally Accepted Accounting Principles，GAAP）的规定，SaaS 软件可以被识别为无形资产或者服务合同。如果下面的两个条件被满足，那么 SaaS 软件就可以被识别为无形资产，否则就是服务合同。

- 在托管期内的任何时间拥有软件合同规定的所有权利，并且无重大处罚。
- 客户可以在自己的硬件上运行软件，也可以和与供应商无关的另一方签订合同来托管软件。

对于客户是否收到 SaaS 的软件资产，可以通过评估软件合同中关于独家使用的权利、下载软件（或副本）的权利，以及拥有的软件在客户（或第三方）的硬件上使用的权利等来确定，这和《国际财务报告准则》（International Financial Reporting Standards，IFRS）中的规定是类似的。

在 GAAP 里，和云计算相关的财务准则主要包括美国财务会计准则委员会（Financial Accounting Standards Board，FASB）在 2015 年 5 月发布的《ASU 2015-05：客户在云计算安排中支付的费用会计》○以及在 2018 年 8 月发布的《ASU

○ ASU 2015-05, https://fasb.org/jsp/FASB/Document_C/DocumentPage&cid=1176166301578。

2018-15：解决客户在云计算中产生的实施成本的会计问题》㊀，其中详细规定了云计算相关费用的会计处理准则，而 IFRS 中则没有 GAAP 中规定得详细，而且二者还有一些不相同的地方。财务人员需要针对公司所在地的法律规定、财务规定及相关情况，决定使用什么样的规则，并根据对云计算资源、软件及合同的不同规定来确定是否记为无形资产或服务。

税务的处理则更为复杂，下面分别介绍。

第一，云计算的数据中心分布在全世界各个国家和地区，由于每个国家和地区的税法不同，因此导致使用不同类型的云资源产生的税率也不同。财务部门需要考虑公司使用的数据中心的资源具体所在的国家和地区来计算可能产生的**增值税、消费税或者其他间接税**。

第二是**基于云的企业的征税问题**。基于云交易的公司面临的最常见的问题是收入性质、收入来源、转移定价和利润分配等。从收入特征来讲，云计算收入作为服务、租金、版税或者许可费会影响税率。全球大多数国家对于服务、租赁或者特许使用的收入，其税率是不同的，其中也包括消费税、增值税和所得税。目前大部分国家都将云计算的收入作为服务费进行计税。

第三是**收入来源**。例如，根据美国法律，个人服务的收入来源地由服务提供的所在地决定，无形资产使用的来源地取决于资产的使用地。不同的来源决定了不同的税率，但是云计算的收入来源地其实很难确定，如果系统是以全自动的方式部署在美国、欧洲和亚洲各地，同时对全球的客户提供服务，那么其收入来源则很难确定。收入来源地可以定义为硬件设备的位置，也可以定义为客户的位置甚至是企业的位置。

第四是**征税权的问题**。例如，一家中国企业使用了美国亚马逊公司在日本东京的数据中心为韩国的客户提供服务，并由此获得相应的收入，那么中国、美国、日本和韩国各自的征税权需要具体情况具体分析，这家企业是否有义务向上述 4 个国家报税也需要具体情况具体分析。

㊀ ASU 2018-15，https://fasb.org/jsp/FASB/Document_C/DocumentPage?cid= 1176171138858。

第五是**转移定价和利润分配**。随着云计算在全球的布局越来越广，企业很容易把成本转移到税率高的地区，而把利润转移到所得税率低的地区，以获得更高的利润。由于数字产品和服务一般都是无形的，新的商业模式不断涌现，使得税务部门无法了解全新的模式，在跨境的情况下更难有效征收增值税或消费税，这也是云计算税务处理的一大难点。

3.5 合同处理

在与云计算相关的合同谈判中，有大量的新方法和需要考虑的问题，包括批量折扣、服务等级协议、安全标准和定制化等。此外还可能包括系统锁定（Lock-in）、债权、补偿赔偿和知识产权等大量的新内容，这比传统的IT采购要复杂得多。作为财务部门，需要考虑和云计算相关的所有协议对财务可能造成的影响，并且应该和法务部门、采购部门、IT部门和业务部门等一起确定最终的合同条款。

首先，财务部门需要从公司层面针对财务和云计算厂商评估全新的合同内容。例如，业务部门提出相应的需求后，由IT部门计算对云资源的需求，最终由财务部门和IT部门一起确定合理的付费模式和总预算。在这个过程中，IT部门只能提出相应的资源要求，如多少台服务器、多大的存储容量等。传统的报价形式是静态的，比如4核服务器50台、存储容量20TB等；而云计算的采购会变成4核服务器50台使用6个月，25台使用3个月，存储容量从0GB开始增长，最多可达到20TB，平均10TB等。根据这些信息，采购部门进行价格条件的谈判，而财务部门和IT部门则对云计算资源可能的开销进行预测，最终得到对财务方面的预测。

其次，财务部门还需要了解服务等级协议。如果IT部门报告云计算厂商出现安全性漏洞或者可用性问题，从而造成云计算厂商需要对企业进行相应的赔偿，那么财务部门需要和IT部门一起确定损失的范围和赔偿的数额，最终这部分收入会像我们前文提到的那样，计入营业外收入或冲抵当期成本，这会影响公司当年的财务报表。

在和云计算厂商或者云经纪商签订服务合同时，需要对服务中断的定义、时间长度和衡量标准（月度还是年度）等进行仔细的定义，让该协议可执行，并考虑好在不同的情况下应计入的会计科目，从而帮助IT部门实现预算目标。有些情况下还要考虑把云服务进行拆分，一部分计入固定资产，一部分计入无形资产，另外一部分计入服务成本。

云计算服务供应商，尤其是公有云计算厂商都是比较大的公司，国外的如亚马逊、微软和谷歌，国内的如阿里和华为等，它们的合同一般都是标准条款，要修改一些条款通常会遇到比较大的困难，而且就算修改也要花费较长的时间和较大的谈判成本。因此财务部门和采购部门在审核付款及相关条件的时候需要仔细分析，在允许的情况下尽可能增加相应的条件。云的产品和功能随着发展会不断地增加，相应地，云服务提供商提供的合同也会定期更新和修改，也就是说会不断更新原合同的内容，或者增加相关的合同附件，这在处理云计算合同时也是一个需要重点考虑的问题。

随着云计算的快速发展，多云的架构（包括多种公有云、公有云和私有云的混合架构）也是很多公司的战略选择。财务部门需要处理多家不同云服务供应商的合同，并在不同的合同条款和条件中获得平衡。很多企业会选择云经纪商及云管理服务提供商对多云进行管理，以便从技术和财务上帮助企业提高对云的管控能力。这样，企业只需要与云管理服务提供商或者云经纪商签署合同即可，从而在具体的合同条款上可以争取到更好的条件，并能够在一定程度上提高效率。当然由于责任由中间商承担，需要审核中间商的资质，以保证服务的连续性。

3.6 对财务安全和风险的考虑

新技术和商业模式同样也会带来风险。本节主要介绍云计算在财务安全方面存在的3个风险，分别是按需付费的风险、被锁定的风险，以及数据安全、隐私、合规性和政策的风险。

1. 按需付费的风险

首先我们来谈谈按需付费的风险。虽然按需付费给业务带来了灵活性，在需求变动的情况下会大幅降低成本，但是由于是按实际使用量进行计费，有时无法预估未来的使用量，所以会导致费用超标。如果遇到网络攻击，流量可能会暴增，这也会造成费用的不可控。这就要求财务部门和 IT 部门一起，通过技术和管理的手段控制云计算的费用，对云计算的资源消耗进行实时监控，一旦出现异常情况就立即响应。这类工作也是云管理服务提供商经常负责的工作。例如，2019 年，美国的一家创业公司的工程师在申请计算资源的时候没有注意自动扩容条件，在短时间内开启了上万台服务器，发现的时候这些服务器已经运行了 3 天，导致成本激增，创业公司几乎因此而破产，这就是一个典型的云计算使用不善而导致的财务风险案例。

控制云计算支出要靠工具和相应的流程，还需要 IT 部门和财务部门的通力合作。主要有以下几个方法：

- 了解云资源的用量细节和账单。针对各种云计算资源，了解资源本身的作用和计费模式，从而评估这些用量是否是必需的。有时候需要比较资源的实际用量，如 CPU 的占用率和内存的占用率等，了解实际资源的使用强度，从而清楚用在云资源上的资金使用效率。
- 谨慎使用一些容易导致用量激增的产品，包括但不限于弹性伸缩、数据传输、大数据分析、处理集群及防 DDoS 攻击组件等。弹性伸缩能够在短时间内根据需求快速扩展服务器的数量以满足用户需求，但是也会导致短时间资源使用费用激增。由于数据传输量不容易预测，因此需要通过监控的方式及时了解使用情况。大数据分析和处理集群和防 DDoS 攻击组件等产品也类似，如果出现需求在短时间内暴增或者 IT 工程师使用不慎等情况，也容易导致费用直线上升。
- 使用云管理平台（Cloud Management Platform，CMP）对费用进行管理和监控。靠流程和人员手工对云计算费用进行管理是不现实的，财务人员和 IT 人员必须通过自动化工具对费用进行管理和预测。这是 CMP 的功能之一，也是云费用管控的好帮手。
- 谨慎使用云计算的新功能。由于云计算的新功能比较多，而且更新很快，对于一些新上线的产品和功能，在不了解其具体使用情况前，贸然使用可能会导致成本激增。IT部门需要控制公司员工和供应商贸然使用新上线的功能，从而避免可能发生的成本风险。

2. 被锁定的风险

被锁定的意思是指 IT 系统被某个云服务供应商锁定，未来只能通过这个云服务供应商进行服务。如果 IT 部门希望将现有的系统迁移到其他云计算平台上，那么可能会造成巨大的迁移成本。举个例子，假设我们使用的服务是某云平台的 PaaS，且基于 PaaS 开发了大量的应用程序，如果想将这些程序迁移到其他云平台的 PaaS 上，则需要对应用程序进行改造，甚至全面重写。如果要把数据从某个云平台上移出，则根据大部分云平台的定价策略，需要将数据从数据中心复制到外部，而这是需要支付费用的，从而产生迁移的成本。从云服务供应商角度而言，当然希望企业能够锁定在自己的云服务平台上，持续为平台付费。而从企业角度而言，不能把鸡蛋放在一个篮子里，万一这个平台以后出现问题或者涨价，会给企业带来风险。

当然，一些新进入市场的云计算厂商在宣传时会强调自己没有锁定的风险，例如可以通过镜像的方式把虚拟机随时从公有云上迁移下来。再如最近比较流行的容器技术，也能十分简单地在多种不同的云平台和私有云之间来回迁移。总体而言，IaaS 的锁定效应不是很明显，而 PaaS 的锁定效应则比较明显，如前面提到的基于 PaaS 开发的应用和数据的锁定。至于 SaaS，则一定会锁定，要从一个 SaaS 平台迁移到另外一个 SaaS 平台几乎需要重新进行系统实施和部署，这意味着要增加大量的投入，因此需要企业的 IT 部门和财务部门有一个清晰的战略目标和取舍。

3. 数据安全、隐私、合规性和政策的风险

在云平台上，如果出现数据丢失或泄露的情况，虽然有云平台服务等级协议

的保证，但是依然不是绝对安全的。丢失的数据毕竟无法恢复，泄露的数据可能会让公司的声誉受到影响或引起法律纠纷，对财务部门而言，需要评估这类风险造成的最大损失，从而将其反映到财务报表中，并及时和投资人进行沟通。此外，云服务供应商需要遵守各国的法律、法规和相关的政策规定，如《萨班斯-奥克斯利法案》（Sarbanes-Oxley Act）、欧盟的《通用数据保护条例》和中国的《网络安全法》等。尤其是《萨班斯-奥克斯利法案》和《通用数据保护条例》，对企业IT服务的成本和质量提出了非常明确的要求，审计部门和财务部门需要对IT系统及其成本有非常清晰的了解，做到风险可控。此外，各云计算平台对相应服务的实际实现标准和SLA不同，这也会直接影响公司对未来财务成本的预测。

和内部的数据中心相比，虽然云计算尤其是IaaS会显著降低成本，但是在实际运营之后，情况可能并不是这样。随着计算资源越来越容易获得，IT部门更容易加大开销进行创新。当云计算的资源消耗达到一定规模以后，自建数据中心有可能会成为一个更经济的选择。例如，Meta公司（原Facebook公司）就不会使用公有云提供的资源，原因是该公司的计算资源规模巨大，和云服务提供商不相上下，因此就没有必要将数据中心放到其他的云服务提供商那里。因规模效益节约成本，这一点在Meta公司中就体现出来了。从成本的角度而言，云计算未必一直都能省钱，因此财务人员需要不断地了解云计算的运营情况，持续了解云的投资回报，并和IT、法务及采购等部门一起关注云的收益和风险。

3.7　和投资人的沟通

我先讲一个王小帅创业的故事。王小帅毕业于清华大学计算机系，他做了一个软件，可以帮助生物医药企业提高生产。他本科专业是生物医药，硕士专业是计算机软件。已经有很多企业对他的软件感兴趣，想要购买并使用该软件。由于业务发展，他需要一笔经营资金，因此便写了一份商业计划书，并做了一个融资计划。如表3-4所示为王小帅的经营计划表。

表 3-4 王小帅的经营计划表

收支和利润 / 万元	第一年	第二年	第三年
销售收入	¥1000.00	¥2000.00	¥5000.00
研发费用	¥500.00	¥800.00	¥1000.00
服务器硬件费用	¥1000.00	¥200.00	¥200.00
市场费用	¥200.00	¥400.00	¥800.00
其他费用	¥150.00	¥200.00	¥250.00
利润	¥-850.00	¥400.00	¥2750.00

他计划第一年融资 1000 万元，出让 20% 的股份，估值 5000 万元，从而保证第一年的亏损能够被弥补。但是投资人看了他的财务报表以后，觉得他的公司的客户数量不够，软件产品也不成熟，不值 5000 万元，最多可以估值 2500 万元。如果想融资 1000 万元的话，王小帅需要出让 40% 的股权，或者最多拿到 500 万元的投资。

在他的计划表中，第一年最大的成本是服务器硬件的支出，达到 1000 万元，后面两年其实并不需要再次购买服务器。他的问题并不是收入和利润的问题，而是现金流的问题。我们之前提到过，云计算通过把资本性支出改为运营性支出可以明显改善企业的现金流，因此王小帅把他的经营计划表做了修改，如表 3-5 所示。

表 3-5 王小帅修改过的经营计划表

收支和利润 / 万元	第一年	第二年	第三年
销售收入	¥1000.00	¥2000.00	¥5000.00
研发费用	¥500.00	¥800.00	¥1000.00
云计算资源费用	¥500.00	¥500.00	¥500.00
市场费用	¥200.00	¥400.00	¥800.00
其他费用	¥150.00	¥200.00	¥250.00
利润	¥-350.00	¥100.00	¥2450.00

这样王小帅就可以融资 500 万元，第一年的现金流有了保障，可以顺利地把公司运营下去。

这个例子是一个标准的由云计算带来财务便利的例子。不过对于投资人而言，从 CAPEX 转化为 OPEX 似乎并不是其主要的关注点[○]，尤其是对于上市公司来说更是如此。例如，德勤在 2018 年发布的《CFO 在云计算战略决策中至关重要的决策》报告中提到：公司在谈到云计算的时候，似乎低估了使用云计算的成本，向投资人传递的信息似乎过于注重量化对 IT 成本的节省机会而没有考虑云计算的潜在风险。投资人和分析师更有兴趣的其实是采用云计算可能带来的新收入和新机会。

因此，从资本市场的角度而言，是否使用云计算不是关键，关键是使用云计算能否降低成本，提升效率，甚至优化经营，从而发现新的业务增长点。如果使用云计算能够让公司的运营更加敏捷，让公司的效率提升，提升投资回报率和增长率，那么这是投资人最乐意看到的结果。

我认为云计算给企业带来的更大改变是经营理念的转变。通过云计算，可以用更敏捷的方式运营企业，提升企业的竞争力，而不仅仅是降低成本；通过云计算，可以优化企业各部门的运营方式并提高员工的工作效率，从而帮助企业在 VUCA 环境下更加快速地占领市场。或许这些才是投资人关心的云计算的核心点。例如，通过云计算可以构建全新的业务单元，创造新收入，改变运营模式等。制造型企业可以通过云计算增加售后管理部门，增强企业和客户的黏性，从而更加高效地解决相关客户的售后服务。

3.8　云给财务部门带来的机会

前面章节介绍了云计算给财务部门带来的影响。财务部门作为服务和支持部门，应根据企业云战略的改变而对相关投入做出相应的调整。接下来介绍云计算给财务部门带来的机会，也就是 SaaS 软件对财务部门的影响。

○ https://www2.deloitte.com/us/en/pages/consulting/articles/cloud-economics-cfo-role-in-cloud-computing.html。

第3章 让CFO"又爱又恨"的云计算

在第1章中提到，和财务部门相关的一些SaaS软件非常重要，它们包括会计记账、费用管理、公司财务、投资、税务和预算等相关软件。这些软件把传统的财务软件的功能以SaaS的方式提供给企业，可以为企业的财务部门提供专业的服务。

在讨论具体的财务SaaS软件之前，可以先对财务工作做一个简单的分类，其主要包括日常运营型、事件处理型和创新型。日常运营型工作主要是财务部门的工作，如编制会计分录、制作财务报表、制定内部管理会计数据、支持员工日常报销、年度预算审核和跟踪检查等。事件处理型工作主要是对特定的事项进行处理，如年度审计和专项审计，以及企业IPO融资和上市准备工作等。创新型工作是指针对市场和财务工作的变化，不断引入新的工具和流程，从而改进财务部门的运营流程，提高运营效率。比如通过自动化工具自动进行报销；通过电子发票和电子印章加速业务运转等。云计算出现以后，日常运营型的工作正在越来越多地被云计算的相关平台和工具所替代，自动化处理成为财务部门转型和变革的趋势。

最近几年，财务相关软件向SaaS平台转变是一个非常明显的趋势。我们先来谈谈对企业而言最重要的系统——财务部每日都需要使用的ERP。ERP的全称是企业资源计划（Enterprise Resource Planning），它是企业的业务流程和应用进行集成的管理系统。财务部门对使用ERP进行业务运营和成本管理等功能非常依赖。云计算时代的到来，促使大量的ERP供应商把传统软件授权的ERP模式迁移到云服务模式上，即SaaS模式上。虽然ERP供应商还会继续支持本地化部署的ERP软件，但是软件的新功能和服务会更多地向SaaS倾斜，主要原因是SaaS软件能够统一管理，并支持远程处理企业各种业务。对于财务部门而言，使用SaaS版本的ERP，工作部署与实施的时间会大大缩短，复杂性会大大降低，包括内部业务流程的匹配时间和开发定制化报表的时间也会大大缩短。之所以如此，一方面是因为SaaS平台将流程进行了标准化定制，另一方面是因为有大量的预配置报表可以满足部门的需求。

使用SaaS版本的ERP要求财务部门降低定制化系统的企图，驱动财务部门伴随业务的变化而变化，于是变更管理成为财务工作的一部分。这也是我在前文中提到的云计算带来管理运营模式敏捷化改变的一个体现。此外，SaaS 化的 ERP 版本计费模式和云计算按需或者订阅模式完全一致，对财务部门的内部管理也能起到很大的作用。当然风险也是存在的，财务数据如果保存在云计算平台上，依然需要考虑前文提到的风险，如数据安全和隐私、合规性和政策风险等。全球最大的 ERP 供应商 SAP 也在不断地云化，为客户提供各种 SaaS 版本的 ERP 软件。

再举个例子，财务报销一直都是非常消耗人力的事情，过去还没有电子发票的时候，需要大量的外包人员进行发票的检验，对报销单进行审核。随着电子发票的广泛使用和自动报销机的引入，报销工作和 SaaS 软件可以实现无缝对接，从而节省大量财务人员贴发票、核对申请报销单及付款等工作。越来越多的企业正在使用 SaaS 化的软件及一些自动化设备取代日常运营型的工作，从而让工作人员将更多的时间用在事件处理型及创新型的工作上。

除了 ERP，目前还有大量的财务相关系统正在被 SaaS 化。例如：记账类软件有国外的 SAP 和 QuickBooks 等，也有国内的畅捷通、金蝶和用友等；税务合规类软件有国外的 Avalara、Sovos 和 Vertex 等，也有国内的捷税宝和芝麻财税等；差旅报销类软件国外有被 SAP 收购的 Concur，也有国内的简约费控和易快报等；还有做财务预算的 Anaplan 等。这些供应商要么是传统的财务软件公司，目前正在向云 SaaS 转型，要么是新兴的创业公司，只提供 SaaS 化的软件。

财务部门通过 SaaS 软件一方面可以降低使用和维护成本，另一方面可以改变自身的运营模式，从而把更多的精力用到事件处理型和创新型工作中，将日常运营型工作交给自动化软件和机器来完成。

3.9 总　　结

本章首先介绍了云计算对财务部门的影响。云计算的应用给财务人员带来了不小的挑战，从会计记账模式、税务处理到合同处理等方面都需要做出改变。我们可以先从云计算的几个优点着手，如从固定资产投入的费用化、敏捷、创新和安全等方面帮助财务人员了解云计算。然后详细介绍了云的计费模式，以及会计和税务工作的处理方法，并对合同的处理及融资过程中和投资人的沟通等问题做了介绍。

从另一个角度而言，云计算对财务部门有重大的影响。各种与财务相关的软件都在不断地被 SaaS 化，再加上各种机器人和自动化工具，可以大大减轻财务人员的工作负担，提高财务人员的工作效率。云计算对财务部门可以进行敏捷和自动化的变革创新，选择使用 SaaS 软件可以帮助财务部门更快地融入业务的变化和变更管理中，从而提升整个公司的财务运营效率。这是云计算给企业带来的最大的机会和好处。

第4章

云上的人力资本管理

在人力资源管理向人力资本管理转变的过程中,云计算起到了重要的作用。各种云上的人力资本管理软件可以帮助HR全面用云的思维来管理企业的人力资本,从而驱动企业快速发展。

随着数字经济的快速发展，市场的不确定性越来越大。企业发展的关键在于优秀的人才，因此人力资源的工作重点从原来把人力作为资源来管理逐步变成把人力作为资本来管理，即人力资本管理（Human Capital Management，HCM）。

人力资本管理的目标是将人力资源部门从传统的管理职能，如事务性人力资源工作、人才管理和劳动力管理等，转化为提高员工的敬业度和幸福感，帮助企业提高生产力，从而创造更多的业务价值。HCM 的理念是：员工不仅是经营成本，而且是一种核心的业务资产，可以通过战略投资和管理的方式尽可能地提高其价值，并获得长期回报。

在云计算时代，人力资本作为企业的核心资产变得越来越重要。无论对云计算厂商系统的评估，还是云计算相关软件的实施和使用，都离不开有专业技能的人员。由于软件更新迅速，市场变化和迭代的速度也越来越快，因此对员工学习能力的要求也在不断提高，人才管理的成败决定企业的成败。如图 4-1 所示为德勤在 2017 年发布的全球人力资本趋势报告《改写数字化时代的规则》⊖中的分析。从中可以看出，随着时间的推进，技术的变革速度是最快的，其次是个人，而企业和国家政策则滞后于技术和个人的发展。

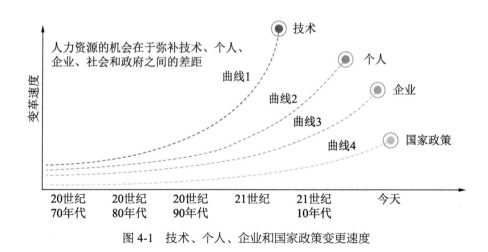

图 4-1　技术、个人、企业和国家政策变更速度

⊖ https://www2.deloitte.com/us/en/insights/focus/human-capital-trends/2017.html。

第4章 云上的人力资本管理

云计算软件和工具对人力资本管理领域产生了巨大的影响。HCM 不仅可以代表企业，尤其是先进企业的业务战略，也可以代表实现人力资本管理的各种 IT 应用程序和技术。结合 Gartner 的研究⊖，总结出 HCM 技术和平台包括以下内容：

- 潜在的组织架构重构。
- 全面的劳动力数据视图，包括正式员工和临时员工，如自由职业者和合同工等。
- 移动办公体验和个性化工具体验等，如飞书、钉钉和企业微信等工具给员工带来的体验。
- 在招聘过程中，候选人的体验不仅包括面试，还包括对公司的感受和面试过程中的反馈，以及对市场的宣传。有一种技术叫作客户旅程地图（Customer Journey Map，CJM），它经常被用在营销技术（MarTech）等相关应用中，在人力资本管理中也有相应的应用，可以帮助企业的人力资源（HR）部门将流程、技术和人员进行全面融合。
- 数据分析驱动的人力资源管理，是指通过对各种数据进行分析，从而了解员工的体验，促进员工提高绩效。
- 人力资本管理应用持续演化，从而提高敏捷性，响应市场和业务快速变化的需求。
- 对信息技术部门、人力资源部门、供应商和合作伙伴之间的各种系统进行集成和结合，能够管理日益复杂的企业系统之间的通信和业务对接。
- 一些专业技能的平均有效时间急剧下降，HCM 系统需要提供更综合的培训和学习系统，从而支持员工更快、更有效地进行技能学习。

HCM 平台已经成为企业内部人才管理最重要的平台。本章我们具体讲解人力资本管理平台通过云计算和数字化技术，尤其是云上的 HCM 应用和技术，能够帮助企业解决哪些问题，以及能够给企业带来怎样的变革。

⊖ https://www.gartner.com/en/information-technology/glossary/hcm-human-capital-management。

4.1 云上的 HCM 软件功能

企业常用的 HCM 软件从功能角度一般可以粗略地分为核心人力资源（Core HR）、人才管理（Talent Management）、劳动力管理（Workforce Management）和人力资源服务交付（HR Service Delivery）等。

1. 核心人力资源

核心人力资源的工作包括人力资源的事务性工作和基础性工作，如 HR 信息系统、工资薪酬发放、社保缴纳、税务申报、合同管理、文档管理和组织结构管理。传统的事务性人力资源管理有大量的文档处理和流程跟进等工作，使用人力资本管理系统之后，可以把这类工作完全电子化和自动化。例如，目前在北京和上海就实现了劳动合同的电子化签署。

在云计算被广泛应用之后，企业内部系统能够自动和外部系统对接，从而能够自动完成相应的工作。比如，过去通过工资单的形式发放员工工资，而在 HCM 系统中，工资单变成在线的形式，而且还会和公司的财务系统、社会保障系统、医疗保险系统和税务系统等连接，根据考核的标准，每个月由系统自动完成员工的薪酬计算和发放工作，从而大大减轻 HR 薪酬部门的工作。

举个例子，在我国，人力资源部门每个月都需要向相关部门申报员工的社保费和个人所得税，并通知财务部门付款或系统自动进行扣款。由于每个月的病假、事假和奖金发放等原因，不同员工的工资金额可能是不同的，这就要求人力资源部门进行调整，然后才能申报，这项工作量比较大。随着 SaaS 化的 HCM 软件的广泛使用，人力资源部门可以在 IT 部门的帮助下把内部的相关数据提交到 HCM 系统中，通过 SaaS 化的软件自动和各地的社保部门、税务部门及银行的系统进行对接，自动完成薪酬发放、社保缴纳、奖金发放和个税代扣代缴等工作，从而大大减轻人力资源部门的工作负担。

2. 人才管理

人才管理包括的内容更加广泛，例如招聘、入职、绩效激励、培训、继任计划、职业发展和报酬管理等。人才管理是 HCM 中非常重要的内容。如何吸引最好的人才加入公司并让他们持续为公司服务，从而提高公司的生产效率和决策效率等，是管理者和人力资源部门在新的行业和市场环境下要开展的关键工作，也是企业能否获得成功的关键要素之一。

HCM 平台可以把人才的搜索、招聘、入职、绩效管理、职业发展、培训辅导和继任计划完全统一，从而加速企业和组织对人才的一致化评估和管理，甚至能够统一正式员工和自由职业者的绩效，为企业的业务发展提供重要的资源池。云计算的出现正在进一步扩充这方面的能力，将企业的需求和外部社交网站或者人力资源网站如 LinkedIn、脉脉、Boss 直聘、51Job 和中华招聘网等集成，从而精确地定位企业需要的人才。云计算能够帮助企业用更多的新技术（如认知性的招聘技术，类似于 OKR 的绩效管理手段，以及与人才相关的内外部数据统一分析，全面对人才的状态进行评估和反馈），进一步提高人才在企业中的满意度和幸福感。

3. 劳动力管理

劳动力管理包括工作时长管理、考勤管理、任务管理、劳动力健康管理和安全管理等，涉及企业灵活用工及工作时间管理等。举个最简单的例子，2020 年受疫情影响，很多企业使用诸如钉钉或者企业微信等工具，通过移动互联网实现签到、打卡，从而实现远程考勤管理。这在过去传统的管理体系下是不可想象的。运行在云计算平台上的 HCM 系统和手机上的客户端结合，能够对不同工作岗位的员工全面实现劳动力管理。再举个例子，如饿了么和美团外卖等平台的外卖员管理和司机管理，其实也是利用云计算平台结合手机客户端实现的。云计算平台会向外卖人员推送最优的送餐路线，这些都是云计算给人力资本管理带来的极大便利。

全球最大的云计算供应商亚马逊其实很早就注意到了云计算对人力资本的革命性改变。虽然亚马逊不是一个提供人力资本管理软件的公司，但是它很早就推出了一个共享的任务管理平台 Amazon Mechanical Turk。该平台可以用于劳动力管理中的任务管理,让有能力的人可以在平台上做一些任务并获得相应的报酬。这些任务随着市场的变化而不断变化,例如原来是一些网页制作或编写 App 的任务等,现在则是一些照片处理和视频处理、数据验证和清洗,以及信息收集和数据处理等与人工智能相关的任务。国内也有类似的平台,其功能更综合一些,如猪八戒网(http://zbj.com)就是用云计算的方式进行人力资本管理的一个例子。

4. 人力资源服务交付

人力资源服务交付包括人才分析、劳动力规划、背景调查、用户反馈和调研等。这部分内容主要是分析员工的工作能力和绩效,综合评估人才并帮助企业在团队结构上进行优化。

例如,前面在人才管理中提到的继任管理,就需要发现潜力大的员工,创建员工的仪表盘,挖掘领导力强的候选员工并进行管理,这些都需要进行大量的数据分析。随着云计算的全面应用,数据分析还可以引入外部数据,如员工的个人公众号和粉丝数量等,从而全面了解和分析员工画像。再如,通过不同的分析方式对员工进行绩效考核,通过数据建模,用云计算平台上的人工智能模块预测员工的绩效表现,从而选择合适的员工推进业务的发展。

4.2 云上的 HCM 软件价值

本节介绍人力资本管理软件的功能。结合 Gartner 的分析,HCM 的功能可以总结为以下 8 点[一]:

- 提高劳动力的效率和敏捷性;
- 优化员工体验;
- 发展和保留员工;

[一] Gartner, HCM Technology Transformation Primer for 2020, 10 January 2020, https://www.gartner.com/document/3979351?ref=solrAll&refval=273007310。

- 提高员工的敬业度和福利待遇；
- 提高员工的包容性和多样性；
- 明确就业价值主张；
- 满足合规性并提高人力资源效率。

以上总结的 8 点对企业人力资源部门的帮助比较有限且不是很具体。我把云上 HCM 软件的产出分为 4 类，分别是**面向企业**、**面向管理**、**面向员工**和**面向人力资源部门**。图 4-2 具体总结了 HCM 软件的功能和分类。

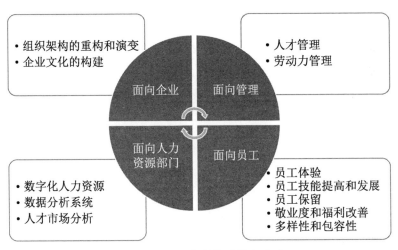

图 4-2　HCM 软件的功能和分类

4.2.1　面向企业

面向企业解决的问题主要包括组织架构的重构和演变，以及企业文化的构建等。未来的组织形态将会从原来的层级制向扁平化发展，HCM 在这个发展过程中将会起到重要的作用，例如影响劳动力之间的沟通、协调和信息传递等。企业文化也会在全新的数字化背景下，在新一代员工和老一代员工共存的情况下，衍生为混合性的企业文化。

在企业的新型组织里，网状结构和生态系统开始逐步取代传统的层级架构。企业通过共享的文化和价值观、共同的目标和项目、信息的自由流通和反馈，以及根据技能和能力确定报酬等各种变化推进企业的发展，这种趋势在新兴企业中表现得越来越明显。反映到云计算平台上，就是企业需要用新产品和技术来管理这种新的组织形式。有一种技术叫作**组织网络分析**（Organization Network Analysis，ONA）[1]，它能够对企业的组织关系进行数据提取和处理。人在这个网络中作为节点分享和交流信息，当在某个特定的组织网络中发生信息交换时，价值就产生了。云计算平台能够自动通过数据对这类组织结构进行分析，从而识别关键的连接、信息流以及个人协作之间的潜在障碍。例如，在什么情况下中心节点在不怎么交流的团队里发挥重要的作用，或者在哪里需要建立更强大的联系，用来简化信息共享并消除组织设计中的冗余。

组织网络分析如图4-3所示，它包括中心节点、知识经纪人节点和外围节点。

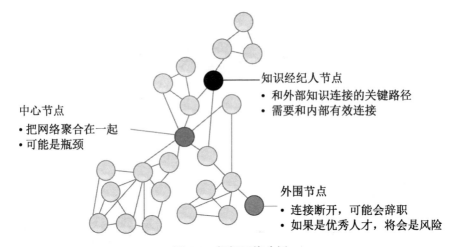

图4-3　组织网络分析

---

[1] 组织网络分析，德勤，https://www2.deloitte.com/us/en/pages/human-capital/articles/organizational-network-analysis.html。

- 中心节点：中心节点的员工似乎认识所有人，是社交的中心。
- 知识经纪人节点：在群体之间架起了桥梁，传递想法。
- 外围节点：和其他部门没有什么关系的人。

这些节点之间有不同的关系，比如正式的上下级关系或者朋友关系。通过进行组织网络分析，能够很容易发现组织信息流动的方向和效率，从而影响组织结构。

在微软的 SaaS 产品 Microsoft 365 里有一个产品叫 Workplace Analytics[⊖]（如图 4-4 所示），它可以进行组织网络分析，还可以分析不同人员的影响力权重、多样性权重和密切性权重等，让人力资源部门能够清晰地了解每个人的绩效和影响力。只要员工在日常生活中使用 Office 365 或 Teams 等软件，系统就会自动形成组织网络分析报告，让管理者了解每个员工的动态，这比很多公司要求员工手工填写汇报资料，或者手工写日报和周报要高效得多，而且也不会占用员工的时间。

图 4-4　微软的 Workplace Analytics

⊖ Workplace Analytics，https://docs.microsoft.com/en-us/workplace-analytics/。

通过组织网络分析，能够显著地提升人才运营效率，发现在组织中的关键人物（员工），这些员工可能并不是领导，而是有领导潜力的人；通过组织网络分析，还能够更清晰、高效地使用人才，最大限度地减少角色混乱和冗余，并发现可能会离职或者未被有效发现的人才。

随着企业的人才年龄结构和知识结构的变化，企业文化也会不断地更新。云计算等相关工具的使用，会让企业文化向更开放、更平等和更敏捷的方向发展。从沟通方式和时间管理，到工资发放和企业内部社交等，市场上涌现出大量的 SaaS 软件，它们不断地影响着企业文化的变革。在企业内部，如果使用的管理工具落后，则很有可能导致员工流失，而最新的 SaaS 管理工具能够帮助员工获得更高的信息透明度和共享度，逐步推动企业变得更加敏捷。比如 Slack、Trello、企业微信、钉钉和飞书等软件的广泛使用，会逐步瓦解过去那种强迫式、规定式的软件，而把员工的个人社交和企业沟通融为一体。再举个例子，越来越多的企业把销售流程和售后流程整合到企业微信上，而企业微信和传统微信的原生集成让员工的工作和生活界限变得模糊，这使得他们可以更好地协调工作和生活。

4.2.2 面向管理

面向管理解决的问题主要包括人才管理和劳动力管理，包括人才获取、绩效管理和领导力颠覆等。新形势下的人才管理对企业管理提出了新的挑战和要求，通过 HCM 软件能协助管理层和职业经理人改变过去的模式，不断提高员工的工作效率和对任务响应的敏捷性。

1. 人才获取

首先来聊聊人才获取。经营企业的一大难题是找不到合适的人才，就算当时找到了合适的人才，但是过了几年可能又不合适了，因为人员的技能没有跟上业务发展的需求。同时，企业对劳动力的要求也越来越多样化，如人工智能和直播等各种不同的业务模式和技术对人才的要求越来越高。吸引有技能的人才不仅是人力资源部门的工作，也是领导者和企业共同的工作。

HCM 主要通过一些新技术来提高人才获取的效率。首先建立企业的数字化品牌，通过 SaaS 平台推广品牌并获取相应的流量，从而吸引求职者。然后通过社交网络和平台推广与企业相关的信息，帮助求职者了解企业的竞争优势，并通过社交化和数字化方式进行沟通。最后通过人工智能、自动聊天机器人、自然语言处理和机器人流程自动化等全新的技术，分析候选人的背景和面试表现，评估他是否符合公司职位和企业文化的要求等。

例如，Predictive Hire（www.predictivehire.com）利用数据分析功能对候选人的面试行为进行分析，能够帮助企业大幅降低错误雇佣成本。通过申请人追踪系统（Applicant Tracking System，ATS），能够在所有的招聘渠道和社交网站中获得实时报告，全面展示申请人的能力和背景。另外，还可以通过仿真模拟、游戏和比赛来招揽人才，评估潜在的求职者。通过各种技术和方法，保证面试的公平性，消除面试中存在的偏见和歧视，这在传统的人力资源管理中一直都是较难以做到的。随着 SaaS 化的 HCM 软件功能越来越强大，面试和获取人才的效率及准确性也会越来越高。

2. 绩效管理

传统的绩效管理一般是使用 KPI 的方式设定特定的目标进行考核，并和业绩关联。有一种新的考核方式叫作目标和关键结果（Object & Key Result，OKR），它是由谷歌推出的，适用于激励从事创造性工作的员工。过去的绩效管理软件有强制性的分布曲线，这种分布曲线在新型公司里被强制使用的情况越来越少。有的公司使用聚类算法将员工的绩效分成不同的等级，在一定范围内进行评估并及时反馈给员工。

SaaS 化的 HCM 软件可以在绩效管理中起到重要的作用。通过 SaaS 化的绩效管理软件，目标的制定会更加社会化、透明化、移动化和数据化。团队的成员能够在线制定目标并查看他人的目标及其进展，还可以和他人合作完成目标。通过邮件和系统的持续反馈，可以帮助员工了解工作的优点和缺点，并帮助员工管理情绪。通过数据分析功能，可以不断地把最新的绩效情况反馈给企业的其他成员和人力资源部门，以帮助员工获得更好的职业发展机会。

领导力的变化也是一个非常重要的趋势。在新型的网状组织结构下，领导力主要靠的是能力而不是职位，企业需要培养更多年轻、灵活、有数字化潜质的领导者。领导者需要具备跨领域的能力，具有团队合作精神和创新、冒险精神，并持续地进行自我挑战，不断地学习和自我提高，持续增强软性领导力。

HCM 软件的数据支持和平台支持，能够为领导者和管理者提供数据服务与人工智能分析服务，帮助领导者得到对其自身和团队成员的分析与建议，从而帮助领导者理解德勤和 MIT 共同的研究结论：数字化的领导力涉及认知转型、行为转型和情感转型。在认知上用不同的方式进行思考，在行为上用不同的方式进行工作和沟通，在情感上对不同的人采用不同的沟通模式。SaaS 化的 HCM 软件能够通过数据和协作等平台化功能，帮助企业领导者学习并适应全新的领导力模式。

4.2.3 面向员工

面向员工解决的问题主要包括员工体验、员工技能的提高、员工的保留、员工敬业度的提高和福利的改善，以及员工多样性和包容性的提高等。这也是 HCM 需要解决的具有挑战性的问题，我们在后面的讨论中还会重点提到。这里介绍一些具体的指标和内容，它们只能通过云上的 HCM 软件才能实现。

和员工体验相关的数字化应用很多，包括传统的生产力和协作工具，如 Office 365 和 Google Workspace 等。这些软件的功能包括几个方面：提高员工的敬业度，促进员工向企业或领导者积极反馈问题，改善绩效管理的公平性和效率，改善员工的福利待遇，为员工提供不同的服务平台等。这些应用一般是作为一个整体，为员工提供统一的体验，从而满足员工的期望和需求。

和员工体验相关的另一部分内容是通过设计思维（Design Thinking）了解员工的思想并进行反馈，及时简化员工的工作流程，提高员工的生产力和敬业度，进一步开发员工角色并利用他们定制体验地图，从而提高员工的绩效。

接下来聊聊多样性和包容性。随着新一代员工和不同文化背景的员工加入公司，他们对企业内部的多样性和包容性的敏感度也在增加，这会使得员工在敬业度、公平性甚至在社会正义感方面有不同的表现。通过技术方式，保证员工工作方式的一致性，包容员工在文化和性别上的不同，成为企业人力资本管理的重要内容。德勤把**承诺**、**勇气**、**偏见认知**、**好奇心**、**文化智商**和**合作**作为领导者包容性的6个特征[⊖]。

一致性软件和工具成为保证企业正常运行的重要保障。比如统一通过 Slack 或者 Teams 进行交流，如果出现一些特定的词汇或发生文化冲突，就能够通过后台的处理机制进行过滤或发出警告，或者在进行绩效评估时，通过数据分析确保不存在明显的文化冲突和歧视等。

4.2.4 面向人力资源部门

面向人力资源部门解决的问题主要包括数字化人力资源、数据分析系统和人才市场分析等，目的是提高人力资源部门的工作效率和敏捷性，并通过机器人、认知计算和人工智能等云计算的新产品和平台，全面提升人力资源部门的价值。

从具体技术而言，数字化的人力资源技术主要包括聊天机器人技术和分析技术。聊天机器人技术主要通过人工智能把智能聊天机器人应用到招聘、职位描述、自动编写职位说明等工作中；而数据分析技术则通过不同的数据收集渠道，确定不同类别的指标对员工进行分析。下面对人力资源分析指标进行详细讲解。

1. 员工构成

人力资源部门需要知道当前员工的统计数据构成，包括地域和性别等。例如，当前的员工构成、平均任期，以及随着时间的推移，员工构成的变化情况、行业

⊖ Bernadette Dillon and Juliet Bourke, The six signature traits of inclusive leadership: Thriving in a diversenew world, Deloitte University Press, April 14, 2016, https://dupress.deloitte.com/dup-us-en/topics/talent/six-signature-traits-of-inclusive-leadership.html, accessed December 21, 2016。

内的竞争对手情况等。

2. 团队效率

在不同的团队之间比较员工的贡献、产出率、绩效和成本。例如，分析离职率最高的团队的控制跨度（Span of Control，SoC）即经理管理的人数是否高于平均水平，薪资均衡指标是否过低，还要了解行业内的平均薪酬水平等。

3. 控制跨度分析

随着薪酬及时间的变化，自动构建劳动力控制跨度分析。例如，分析组织内的平均控制跨度、不同级别的经理人数和专业人员的人数等。

4. 多样性分析

多样性分析是指对劳动力的性别和种族等相关的多样性进行分析。例如，是否雇佣并保持组织的多样性，在哪间办公室里资历相同的男女工资相差超过20%，在同等工作经验下的健康员工和不影响工作效率的残疾员工的薪酬差别是否超过20%，在不同的国家和地区是否有不同的要求，等等，这些都是多样性分析的内容。

5. 员工流失和保留分析

员工流失和保留分析是指根据岗位和绩效，分析主动离职和被动离职的员工，以及员工流失和保留的趋势。例如，分析在过去几年里员工的流失率是多少，每年优秀员工流失的趋势是怎样的，这些员工在社交平台上是如何评价公司的，最优秀的员工的保留率是多少，他们的职业发展速度怎样，等等。

6. 招聘分析

招聘分析是指根据区域和岗位分类情况分析新员工的情况。例如，分析招聘趋势，候选人接受公司Offer的趋势，新入职员工的性别、民族和年龄，新员工在行业中的评价，等等。

我花了大量的时间讨论人力资源的数据分析内容，最主要的原因是在云计算的发展趋势下，敏捷和数据分析决策会成为企业运营非常重要的部分，在讨论企业的销售、运营和生产等内容时也会谈到这些内容。HCM 不仅在传统领域能够解决人力资源部门的大量问题，在数字化领域也可以进一步通过数据分析实现人力资本管理的战略目标。当然，随着 HCM 的不断发展，相关软件的功能也在不断地扩充，HCM 未来的发展趋势是逐步和企业的其他系统进行数据融合，更全面地促进企业的人才管理和效率提升。不过说到底，人才管理还是企业文化方面的问题，随着年轻人才逐步进入公司，企业的整体机制和体系都会发生变化，这就会带来一些更有挑战性的问题。

4.3 更有挑战性的问题

随着数字化时代的到来，组织管理发生了巨变，并面临着巨大的挑战。个人与目标、个人与组织、组织与外部社会之间的相互关系在不断地发生变化。人力资源需要和战略管理高度契合，战略规划变成人力资源规划。人力资源部门必须了解人力资本的技能、行为和文化，并和经营目标相匹配，这样才能真正实现战略目标。

数字化时代，组织需要实现以下目标：
- 从管控到赋能，激发员工的创造力，提高员工的归属感。
- 让员工从胜任力转化为创造力。
- 从个体价值到集体智慧，充分发掘员工的价值。
- 把员工分工的模式转变为员工协同的模式，把员工、企业、顾客和市场协同在一起。
- 从协同走向共生，在市场中实现跨领域和跨网络的价值。

企业要实现数字化时代的组织目标，仅靠人力资源部门显然是远远不够的。在共生组织里，人力资本管理之前的各种假设和前提都会改变。按照过去的假设，工作成果是稳定的，岗位是可预测的，人是可替代的。可是今天这些假设都变了，工作的内容和成果是变化的，岗位变得越来越灵活甚至不可预测，一些以任务为基础的岗位即将消亡，特定的人是不可替代的，每个人都是自己的 CEO。这些变化意味着，人具有更多的独特性，包括他们的经验、思想、态度和需求，在工作中人的因素比以往更重要，也更复杂。

简单地说，过去对于个人而言就是有一份稳定的工作，工作的内容是固定的，对于企业而言，企业只要有足够的钱，就能找到特定的人来为其工作，这种想法对过去的劳动力市场来说是没有问题的。而对于人才市场来说，岗位很难描述，工作内容也在不断变化，有时有钱也无法找到人才，特别是特殊领域的人才。人才的创新意愿和能力决定了公司的创新高度。如果公司无法提供合适的环境，人才也无法发挥其价值和作用。最后，企业和社会需要连接在一起，一家企业只靠内部无法实现全渠道和全领域的合作，必须要形成共生型组织才能全面推进企业模式的变革。

那么云计算上的人力资本管理是如何帮助企业解决这些问题的呢？根据德勤在《2020 德勤全球人力资本趋势报告：践行中的社会企业，在悖论中探索前行》[一]中的建议，要成为社会企业，需要具备以下 3 个全新的属性：

- 使命（Purpose）：在个性化中实现归属感。组织不再是空谈使命，而是把价值嵌入日常工作中。
- 潜能（Potential）：在重塑企业的过程中建立安全感。组织能够让员工在机械化的环境中最大限度地发挥独特的思考力、创造力和行动力，从而帮助员工和企业产生长期的价值。
- 愿景（Perspective）：勇于面对不确定性。组织不应局限于对现状的优化，还要追求对未来价值的创造，把不确定性转化为未来的愿景。

以上内容也许有些难以理解。所谓的使命、潜能和愿景，我总结为"要做什么""能做什么""未来会怎样"。人力资源部门和员工沟通的时候，最需要告

[一] https://www2.deloitte.com/cn/zh/pages/human-capital/articles/global-human-capital-trends-2020.html。

诉员工的是：公司要干什么，你能干什么，干成了有什么收益。这就解决了德勤报告里的 3 个问题：使命、潜能和愿景，如图 4-5 所示。

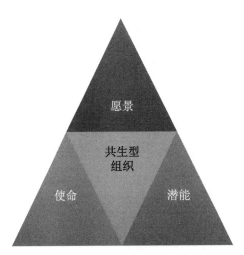

图 4-5　社会企业的三个属性

那么新的 HCM 系统如何帮助首席人力资源官（CHO）解决这方面的问题呢？过去有很多企业投资了许多相关的云技术和产品，但是收效甚微，最大的原因是技术无法解决人的问题，真正的问题在于人。而 CHO 的顾客主要就是人，因此要让企业解决人力资源的问题，应该先从组织结构和企业文化着手，而不是先从技术产品着手。当然，技术手段是实现 CHO 目标的必备手段。

下面就来谈谈如何通过 HCM 工具帮助 CHO 培养员工的使命感，挖掘员工的潜力，展望企业的前景。

4.3.1　培养员工的使命感

在使命感这个问题上，人力资源部门需要加强员工和团队的联系，培养他们对达成有意义的共同目标的成就感，在归属感和组织绩效之间建立紧密的联系，并调整工作方式，让员工能展现自己的最佳状态。最终目标是建立员工福利和组织成果之间的联系，创建一种包容的文化，制定人才战略，识别个人特征，把优秀的人才聚集在一起，提升其归属感和幸福感，最大限度地发挥他们的潜能，使个人愿景和组织愿景保持一致。

在激发员工的使命感方面，HCM 应用有大量的用武之地，如平衡员工的工作和生活、健康管理、安全管理、绩效管理、职业发展等。这些功能其实都分布在 HCM 软件应用中。举个例子，有些公司的 HCM 集成了志愿者应用，让员工根据各自的兴趣和爱好，在企业内部找到志愿者项目，比如帮助智力或身体有缺陷的儿童，或者为地震或其他自然灾害受损的家庭提供帮助等，促使志愿者团队成员为了某一项事业走到一起。这类活动能帮助员工增强社会责任意识，培养他们造福人类和改变世界的使命感，从而强化每位员工的个人价值，并将其和公司价值联系在一起。例如，很多企业的微信中有各种运动会群，可以通过员工的兴趣和爱好，促进跨团队的活动，建立跨部门的友谊。有的 HCM 还提供导师计划，可以帮助员工在公司内部找到资深的导师。资深导师可针对其职业发展提供相应的见解和建议，帮助员工在职业和生活方面不断成长。云上的 HCM 系统甚至可以把这些应用延伸到企业内部系统之外。例如，企业微信既可以用于企业内部沟通，还可以将其延伸到普通微信中，如通过类似于 Keep 这样的软件，可以在企业内部创建运动兴趣小组，而且可以和企业外部或附近的人员共同组织活动。

在绩效管理、职业发展和学习方面，HCM 能够通过绩效管理平台和学习平台把管理者和员工连接在一起，帮助员工晋级。HCM 通过学习社区和互助团队，能够根据员工的兴趣和学习目标跟踪相关课程的完成情况，当员工树立目标时，管理者能提供有意义的指导，并且可以无缝地和绩效管理连接在一起，更好地实现员工的使命感和归属感。有些公司的 HCM 还可以在技术平台上发布内部短期工作机会，帮助员工找到他们感兴趣的项目，激发员工的幸福感，让员工了解新鲜事物的同时结识新朋友，学习新技能。同时，由于这些机会的存在，也可以让管理者给不同的项目找到合适的人。

4.3.2 挖掘员工的潜力

人力资源部门在挖掘员工潜力方面要做的工作很多。例如,组织潜力大的人才团队,帮助员工挖掘自身潜力,重塑其职业生涯。我们可以通过诸如人工智能等各种新型技术,创造变革性的商业成果,利用新型技术重新定义组织并创建知识网络,在员工寻求新的工作方式和工作目标时最大限度地发挥他们的潜能。此外,挖掘员工的潜能还包括构建持续学习的文化,创立有韧性的队伍,面对内外部的不确定性帮助员工做好准备,以及为未来的工作提供内部流动机会等。

HCM可以辅助完成这些工作。通过应用人工智能的数字助理,把人和信息联系起来。我们把这些数字助理称为智能助理,这些智能助理通过了解员工的需求,经过不断学习,可以预测和推断下一步可能要做的事。这些信息能够帮助人力资源部门理解员工,激发他们的工作潜力。例如,著名的人力资源管理公司Workday通过人工智能技术改变人力资源部门的日常工作方式,从而改善招聘和绩效管理等流程,而且还可以通过人工智能技术提供提高员工绩效的相关建议,从而发挥员工的最大潜力。

人工智能通过对员工的上网行为、活动轨迹和表情等进行分析,可以完成过去人们无法完成的工作。例如,通过某个员工在特定时期的上网行为,可发现员工的不稳定趋势。此外也可以分析员工的工作数据,检测员工可能存在的欺诈行为,自动检查员工的工资单上的数据,通过数据分析构建员工画像等。

当前许多互联网公司已经在使用这些技术来管理员工的行为。例如,如果发现员工频繁访问某一技术类别的网站,而这类网站可能涉及一些新技术的发展方向,那么就可以向这位员工有针对性地推送信息或进行辅导,帮助他向这个方向努力。

HCM还可以在企业范围内推出定制化的学习计划和发展计划,从而增强员工的关键技能和对市场趋势的反应能力。比如通过社交学习,可以让员工在平台上分享知识和专长。人工智能还可以基于岗位和职业兴趣,满足员工自身和管理层的需要，用游戏或者积分的方式构建不断学习的企业文化氛围。

HCM 还有社交化的激励体系，通过游戏方式激励员工，构建高绩效的团队。例如国内有一家公司叫企趣，它提供一个通过游戏方式实现价值观激励的平台。该公司通过积分、勋章、段位和排行榜，建立公开、透明和即时的游戏化激励机制，引导员工的价值观向积极健康的方向发展，从而挖掘员工的内在潜力，打造高绩效的组织。

4.3.3 展望企业前景

在企业文化管理中，人力资源部门需要通过各种手段来帮助员工了解企业的愿景。例如：使用薪酬福利体系体现员工的重要性；通过组织数据、外部标准和全方面反馈评价等工具评估员工的绩效和潜力；通过使用 AI 技术分析人才数据、人才招聘和员工流失趋势等，识别并防止潜在的偏见；通过建立数据体系来管理劳动力和人才策略，帮助人力资源部门制定有效的规则和制度；利用数据，就隐私和道德问题帮助人力资源部门进行决策，培养有道德和社会责任感的领导者。

这些工作都是非常复杂的。HCM 平台也在不断地发展，以帮助人力资源部门解决以上问题。

通过薪酬管理模块，能够帮助企业快速适应变化的业务环境，同时提供灵活的方案，让员工始终处于中心地位，这对激励、奖励和留住员工非常重要。由于云上的系统会提供各种人才管理经验和行业实践，所以能够帮助企业在人才竞争中获得先机和优势。

HCM 的福利模块能够提供自定义的福利选择，如积分兑换和股票行权比例等，一些特殊的项目活动还可以获得津贴，便于员工定制个性化的需求。这在传统的 ERP 管理薪酬时代是很难想象的。

HCM 还可以通过商业智能（Business Intelligence）平台，帮助人力资源部门获得实时数据，了解数据模式，并在全面监控的模式下接收报警信息。例如，如果某些员工的加班时间超过法定时间限制，人力资源部门就会收到通知并告知员工停止加班等，这在增加员工幸福感的同时也会避免企业的风险。

再如，HCM 平台可以提供劳动力趋势分析，预测员工的绩效、留存率和流失率，还可以通过场景建模的方式，分析可能存在的问题及其纠正的措施。

4.4　一些云上的 HCM 供应商

随着云计算的发展，大量的传统 HCM 应用和技术提供商全面向云转型，也有云原生 HCM 供应商为企业的人力资源变革提供技术帮助。比较著名的 HCM 供应商有 Workday、Oracle 和 SAP 等。

Workday 是一家云上的人力资本管理软件提供商，在 Gartner 和 Forrester 的报告中处于领导者地位。其创始人在 Oracle 收购 PeopleSoft 以后创立了这家公司，它的优势主要在于云原生。该公司通过人工智能和最新的技术，帮助企业实现人力资源管理的转型。截至 2020 年 5 月，Workday 有 3200 多家企业客户，收入超过 31 亿美元，市值 581 亿美元。Workday 的功能比较全面，它和一些新公司的组织结构和文化比较匹配，是一家原生的 SaaS HCM 公司。

Oracle 的人力资源云也是业界的领导者之一，它为企业提供全面的人力资本管理套件。在 Oracle 全面向云计算转型以后，Oracle HCM 也全面云化。作为一家传统的数据库公司，它在技术上的领先地位帮助其不断投资新技术和领域，以保证企业的人力资源和战略转型相一致。

SAP 的 HCM 软件叫作 SuccessFactors，它支持 99 个国家或地区的本地化劳动法规，以及 46 个国家的本地化薪资，实现了完全云化。SuccessFactors 将其 HCM 套件定位为人类体验管理（HXM）套件，它专注于通过"旅程地图"（CJM）和"重要时刻"等功能，把这些重要的时间点嵌入员工的工作流程中，从而提高员工的幸福感，改善员工的体验。

HCM 供应商还有国外的 Paycom、Paylocity、ADP 和 Cornerstone 等，以及国

内的北森、薪人薪事、金柚网和大易等，它们都在各自的领域提供特定的人力资本管理方案，从而解决各自领域特定的问题。

4.5 总　　结

本章介绍了云上的人力资本管理平台能够帮助企业解决的问题。人力资本将会成为未来公司最核心的资本。云上的 HCM 不仅能够延伸人力资源部门现有的核心人力资源管理、人才管理、劳动力管理和人力资源服务交付等工作，而且还能帮助在数字化转型背景下的企业，从人力资源的角度解决关于员工的使命和潜能，以及公司愿景等问题，并通过使用各种技术工具，运用数据分析能力，帮助企业达成战略目标，从而全面重构组织架构，实现企业对敏捷性的要求。

第5章

云对企业运营的帮助

　　云计算方面的工作对精细化程度要求较高,它能够帮助企业更好地进行运营。本章将介绍中台和自动化运营工具的相关知识,从而帮助相关企业更好地利用数据进行决策。

相信大家都听说过"中台",最早可能是阿里巴巴提出的。不过中台到底是什么似乎没有非常准确的定义。我在微信公众号"热罐小角"里发表过一篇关于中台的文章《关于中台的思考》[一],分析了我对中台的看法。按照阿里巴巴的说法,中台主要包括业务中台和数据中台,它主要支撑企业运营,在财务和人力资源等后台部门和前端业务部门之间实现承上启下的作用。

不过中台对企业的作用也是公说公有理,婆说婆有理。不同的企业情况不完全一样,使用中台的工具和人员也不完全一样,最后的产出可能会出乎意料,也可能不尽如人意,甚至也有建设完中台以后又拆掉的情况。本章里我将和大家分享一些在云计算发展之后出现的新技术和新工具,它们被应用在企业数字化转型领域,特别是企业运营方面,可以帮助企业提高敏捷性和自动化程度。

5.1 关于中台的讨论

让我们先来看看阿里巴巴提出的企业中台典型架构,如图 5-1 所示。中台主要指的是运营支撑部分,包括业务中台和数据中台。业务中台再细分的话,则不同的行业有所不同。如果是电子商务等互联网公司,其业务中台包括会员中心、商品中心、交易中心、订单中心、支付中心和评价中心等。数据中台包括数据计算服务、开发平台、客户画像服务、数据可视化、数据仓库规划和数据服务等。中台的基本概念很简单,它通过整合一些业务和数据供前台调用,成为企业运营的"腰部"。

中台模式无非是把企业运营的一部分功能集中化,找到部门的共性,用统一的方式对外提供服务。中台包括的内容越多,被管控的内容也就越多,导致缺乏创新和敏捷性。如果中台包括的内容太少,则无法发挥出期望的作用和价值,导致中台建设的空心化,无法解决团队的问题。

[一] 《关于中台的思考》,https://mp.weixin.qq.com/s/K8QaaXamFy5AgUtOiMBWpA,参见附录 B。

第5章 云对企业运营的帮助

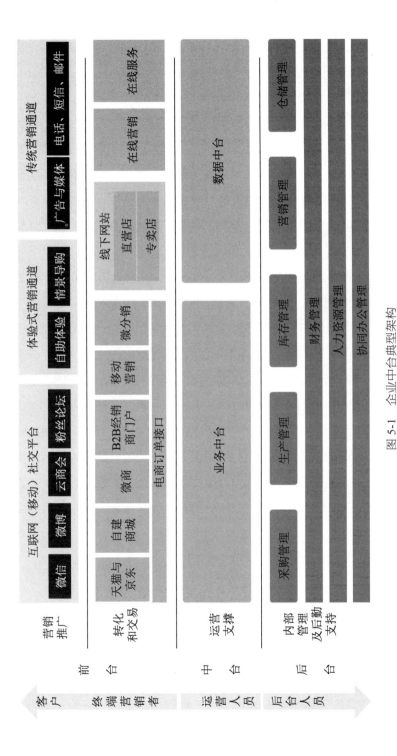

图 5-1 企业中台典型架构

云计算的出现，使得中台的概念更容易被企业接受。过去不同的业务线各自通过 IT 部门和采购部门搭建系统，为自有的业务服务。自从云计算出现以后，各种共性的云计算资源被抽象出来，实现了一定程度的标准化。比如云计算提供的虚拟机、存储、网络和数据库等服务，都以统一的方式对外提供服务。通过应用程序接口（API），前台可以调用这些 API 并创建拥有符合 CPU 数量和内存大小标准的虚拟机，进行上传和下载文件等操作。中台其实是一种从业务角度把类似的模块参考云计算的理念和思路进行共性化的一种方式。这样业务部门不需要了解通用的业务模块，如会员和支付等，只需要关注自身的业务就可以快速开展云业务模式。

云计算及相关的工具给处于新时代背景下的企业运营带来了机会和挑战。从自动化的角度而言，我们可以通过无服务计算、业务流程即服务、低代码开发平台及机器人流程自动化等各种工具，让越来越多的业务和运营人员能够不依赖 IT 部门的参与，也能随时设计出自己想要的流程，并快速地执行下去。

由于云计算的快速发展和企业数字化能力的不断提高，使得大量的运营数据沉淀了下来。比如审批的速度和效率、风险评估等，这些数据都会成为分析和改进运营效率及水平的基础。由于人工智能技术的快速发展，这些数据能够被自动地用于训练模型，可以对未来的决策提供参考和帮助。数据对运营风险控制的作用尤其突出，那些对风控、安全和合规性等方面比较重视的公司，如银行和保险等金融企业，云平台上的数据沉淀和分析对其非常重要，这也是数据中台的核心价值之一。

5.2 自动化运营平台和工具

自动化运营平台和工具主要是前文提到的无服务计算、业务流程即服务、低代码开发平台和机器人流程自动化等，这里重点介绍低代码开发平台和机器人流程自动化。

5.2.1 低代码开发平台

低代码开发平台从技术上讲是一种不需要编写代码，或者通过少量的代码就可以快速生成应用程序的开发平台。通过可视化的方式，让不同经验或水平的工程师和开发人员，甚至是不懂开发技术的业务人员，通过简单的组件拖曳和模型驱动来创建程序。低代码开发平台的最大特点就是让更多的人参与到应用程序的开发中，不仅是专业的程序员，而且非技术背景的业务人员也可以按照自己的需求编写简单的应用。现在有个新名词叫**公民开发**（Citizen Development），就是用这种类似的低代码开发平台进行开发，人人都可以是程序员。对于大型企业而言，低代码开发平台还可以显著降低 IT 团队的成本。

举个运营的例子。比如有一个合同需要通过销售、法务、财务和风险控制等团队进行审批。某天公司成立了一个项目管理办公室，所有在某个特定行业的客户的服务类合同必须通过这个项目管理办公室进行审批。如果按照原有的设计，可能需要工程师修改流程，对所有的合同增加行业标签，并改变整个审批流程，这一般需要 2 到 3 个工作日。而在低代码开发平台上，业务人员通过拖曳的方式可以直接修改业务流程而不用配置，可以在很短的时间（可能几个小时）就可以解决。

广义地说，像腾讯的企业微信、阿里巴巴的钉钉都可以称为低代码开发平台。还有一些分类把那些完全不需要逻辑设计和配置的平台叫作零代码开发平台，而把需要编写一些简单代码的平台叫作低代码开发平台。我们可以通过标准的工具设计一些系统，从而满足业务部门的需求。

事实上，低代码开发平台能解决的问题也是比较有限的，主要是一些逻辑简单的独立应用、创新尝试的应用、生命周期短的应用或者是投入产出比低的应用。对于那些逻辑非常复杂和规模很大的应用，使用低代码开发平台进行开发，成本可能会大幅度增加，并且应用的运行质量会下降。因此程序员依然还有很大的用武之地。

谈到低代码，可以参考 Gartner 的分析报告，其中有详细的介绍。总结一下，低代码开发平台主要包括下面几个关键功能⊖：

- 直觉式开发模式，包括应用程序开发能力、开发编辑器环境、可视化调试和测试、测试数据管理、AI 支持、专业开发语言支持等。
- 应用程序用户体验，包括是否提供 UI 设计，如何验证设计，是否支持浏览器和手机操作系统等。
- 数据建模和管理，包括是否包含数据库、数据预读、版本、数据模式、数据容量限制和数据一致性等。
- 流程和业务逻辑，包括是否支持可视化流程建模、企业业务流程建模（Business Process Model and Notation，BPMN）标准支持、工作流管理和自动化机制。
- 平台生态系统，包括行业预配置数据模版、UI 模版、社区讨论和服务支持等。
- API 和集成，包括本地数据库、第三方集成、事件驱动 API 支持和自定义 API 支持。
- 架构，包括分布式或集中式设计，以及支持的架构等。
- 服务质量，包括服务等级协议、服务管理、系统自动弹性伸缩、多云支持和多架构支持等。
- 软件开发生命周期，包括开发文档管理、测试、代码生成、开发工具管理和本地化管理等。
- 管控，包括不同类型的人员权限管理、性能管理以及并行开发等。
- 安全和合规，包括认证服务、用户管理、加密、多因子认证、代码安全评估、证书管理和标准管理等。

如果对以上内容不太理解，也不用太在意。低代码开发平台其实是对传统开发系统的一种简化，用更直觉的方式完成需要开发的功能。其实这件事情在软件行业中已经尝试了许多年，从最早的 Delphi 到划时代的 Visual Basic，所有的尝试都希望用自然语言和可视化的方式来描述世界，毕竟软件开发需要大量的学习成

⊖ Critical Capabilities for Enterprise Low-Code Application Platforms，30 September 2020 - ID G00464323。

本,也不是所有人都能学会软件开发的。

让我们来看看全球最大的软件供应商微软推出的低代码开发平台Power,如图5-2所示。Power平台包括进行应用开发的Power Apps、进行工作流设计的Power Automate、进行商业智能分析和报表展示的Power BI,以及设计聊天机器人的Power Virtual Agents。低代码平台使得开发者在一个统一的系统上设计的应用能够在所有的平台上运行,实现需要的功能,就像搭积木一样非常容易。

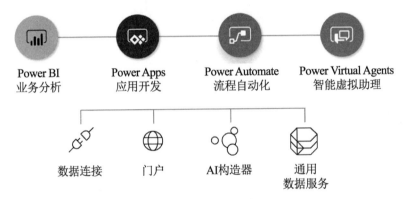

图5-2 微软的低代码开发平台Power

我在公司里曾经用低代码开发平台做了一个"和我开会"的小应用。由于加入了一个传统企业,这家企业的员工没有发送会议邀请的习惯,总喜欢时不时地问我某日几点几分有没有时间开会。为了解决这个问题,我选择使用微软的Power作为技术支持平台。首先,我使用Power Apps做了一个小应用,用微软的Forms写了一些问题,然后用Power Automate制定一些逻辑。当用户提交和我开会的申请以后,系统会自动发邮件通知我,如果这个会议我会参加,那么就单击"批准"按钮,这时系统会自动给申请人发会议邀请,否则就会收到我拒绝开会的邮件,邮件中会说明原因。具体流程如图5-3所示。

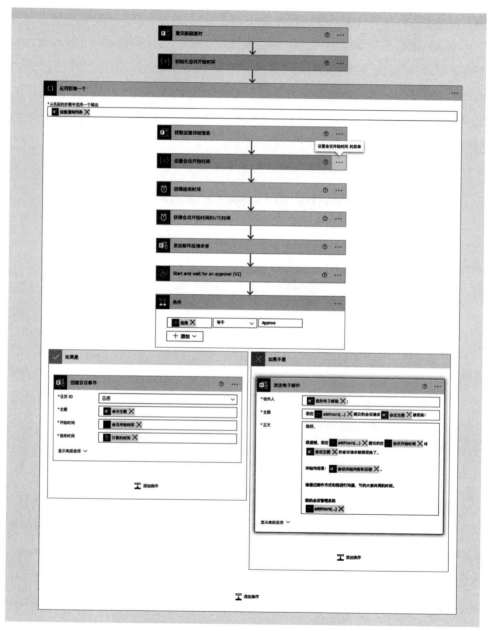

图 5-3 "和我开会"应用的工作流程

这个应用可以在手机、计算机和邮件系统中打开,全程没有用到任何代码,我只是花几个小时设置了一些邮件内容和发送逻辑就完成了。这种工作只需要稍微经过一些逻辑训练和有基本的计算机知识的人员就能够完成，完全不需要通过专业的程序员来完成。低代码开发平台还有一个重要的功能就是模块化，大部分有共性的模块都可以直接通过拖曳的方式完成。

当然，低代码开发平台也有一些缺点。首先，低代码开发平台对于复杂的逻辑支持度较低。对于程序员而言，用代码的方式来实现逻辑是比较直接的，尤其是对与、或、非、异或等逻辑的实现，用简单的操作符就能完成，而在低代码开发平台上可能要使用特殊的界面和表达式才能完成，复杂度反而大大增加了。例如，在微软的 Power 平台上要通过一种叫作工作流定义语言（Workflow Definition Language）的描述，才能处理表达式和字符串，或者进行逻辑和数学计算等，类似于 Excel 中的函数，这些功能仍然需要一些专业人员的参与才能完成。其次，低代码开发平台对平台的绑定比较重，用了一个平台以后，要将其迁移到其他平台上几乎是不可能的。最后，低代码开发平台存在定制化风险，如果某个功能由于平台的功能限制而无法实现，那么也可能无法通过自行开发的方式实现，或者需要花费巨大的费用才能实现。

近几年低代码开发平台成为一种趋势，大量接受了 SaaS 的公司也逐步通过低代码开发平台来整合和重构其应用。一些 SaaS 公司也同时提供低代码开发平台来支持定制化的功能。只要我们对低代码开发平台有清楚的了解，在合适的领域选择使用这些平台进行开发，会大大提高效率，从而降低成本。这对于管理者尤其是运营方面的管理者而言是一个技术挑战。公司的 COO 需要和 CIO 通力合作，了解公司的运营流程和技术基础，以选择最合适的低代码开发平台，从而对内部应用进行迭代。

低代码开发平台除了微软的 Power 之外，还有 Mendix（已经被西门子收购）和 OutSytems 等，它们在功能上都有不同的侧重点。Mendix 被西门子收购之后，更多地专注于制造行业。OutSystems 也是低代码开发平台的领导者，此外还有 SalesForce 的 Force.com 和 Zoho Creator 等。国内的 ClickPaaS 和轻流等平台，都支持公有云、混合云和私有云的部署模式。

5.2.2 机器人流程自动化

机器人流程自动化（Robotic Process Automation，RPA）主要用于替代传统的通过人员进行数据录入和报表提交等工作，它将需要人工完成的工作通过计算机自动完成，同时配合人工智能的相关功能，大幅度提高效率。它可以代替或者协助人们在计算机、手机或其他数字化设备上完成重复性高的工作和任务，模拟人工进行复制和粘贴等工作，找到相应的位置，根据条件输入不同的内容，从而完成大量重复性比较高、模式相对固定的工作。2021 年 4 月，全球最大的 RPA 公司 UIPath 在纳斯达克上市，截至 2022 年 7 月 19 日市值约 100 亿美元，是 ToB 领域又一家非常成功的公司。

RPA 的基础应用场景很简单。举个最简单的例子：纸质合同需要对日期、条款和盖章等相关内容进行检查，传统的方式是人工进行审核和校对。而有了 RPA 之后，可以先通过 OCR 的方式扫描成文本，然后用自动化的规则与档案中的数字合同进行对比，从而保证内容的一致性。再如，某个航空公司需要对机票订单进行审核和确认，这家航空公司需要有大量不同的系统对接到核心订票系统上，每天的数据量有上万条，需要多名专职人员来处理这些数据，他们的工作主要是查询订单是否有重复的和遗漏的，是否有退票的等。有了 RPA 之后，这类问题就可以自动解决，而不需要人工进行处理。

RPA 其实是对以前的自动化界面测试工具的延伸，很多在计算机上的操作都可以通过编写程序的方式来实现。比如寻找一个特定的窗口，然后把鼠标指针移动到某个位置上单击或者右击，或者寻找网页上某个特定的文本框，输入特定的内容，然后单击"提交"按钮，最后根据返回的数据决定下一步操作。诸如网页爬虫、游戏的外挂系统等都是早期的 RPA 应用。随着技术的不断发展，RPA 能够把各种与 API 的交互、人工智能计算及数据驱动分析等融入其中，从而完整地实现机器人流程自动化。

当然，RPA 也有一定的局限性。比如对于界面的模拟而言，由于模拟的是人对鼠标或键盘的操作，如果出现分辨率更新或者网页改版，则可能会出现各种兼容性问题。在 Windows 操作系统中有各种后台进程，如果出现进程干扰，也会出现 RPA 操作失败的情况，有时候比较偶然，很难找到具体的原因。另外，由于操作规则可能会经常改变，这可能导致 RPA 工具无法自动适应新的变化，而需要重新进行完整流程的录制和更新，会增加许多工作量。

当然，从总体上来说 RPA 还是利大于弊。从计算机工程师的角度来看，这种技术只是一种过渡性的技术，其最终的发展方向还是要依靠 API 脚本的自动化。在当前的企业环境下，RPA 不失为一种快速、高效提高运营效率的办法。RPA 在不断地发展，从而通过集成一些先进的技术来提高自身的能力，这一点后面会提到。

目前，RPA 已经应用于许多领域。除了运营之外，前面章节提到的人力资源和财务等领域都会受到 RPA 工具的影响，许多通过人工实现的传统工作都被 RPA 替代了。RPA 通过和后台云计算及人工智能平台的集成，让其新的工作流程和模式变成真人和虚拟人之间的相互合作，甚至是虚拟代理和虚拟代理之间的通信模式。一些常规流程的工作需要每天 24 小时持续进行，这类工作在大部分情况下是不需要人工参与的，只有在一些特殊情况下才需要人工参与。

RPA 的发展可以分成 4 个阶段：**辅助性 RPA**、**非辅助性 RPA**、**自主性 RPA** 和**认知性 RPA**。和云计算相关的 RPA 主要指自主性 RPA，也就是 RPA 3.0。可以将其部署在 SaaS 云或者私有服务器上，从而实现端到端的自动化，并且能够自动伸缩、灵活扩展，甚至实现不同的工作流设计。其缺点是在处理非结构化数据和识别人的意图方面还有不足。

这里简单讲一下 RPA 发展的 4 个阶段（见图 5-4）。RPA 1.0 阶段，也称为辅助性 RPA（Assisted RPA），这个阶段的 RPA 主要是一些在客户机器上的软件程序，如有名的游戏外挂和早前的 Office 小助手等，它们用于辅助解决一些问题，但是无法实现端到端的工作流，也没有办法实现规模应用。RPA 2.0 阶段，也称为非辅助性 RPA（Unassisted RPA），这个阶段的 RPA 能够实现在服务器上部署和编排工作，以及进行集中管理和分析等工作，但是编排和管理的工作量比较大，适应能力不足，当前许多公司开发的 RPA 就处于这个阶段。RPA 3.0 阶段，即自主性 RPA（Autonomous RPA），这个阶段的 RPA 可以实现各种复杂的流程，能够完成负载均衡和工作流等，我们可以把它看作一个智商比较低的机器人或助理。未来的发展方向是认知性 RPA（Cognitive RPA），即 RPA 4.0 阶段，也就是说该阶段的 RPA 具有分析和认知能力，是通过人工智能驱动的，能通过机器学习和自然语言处理等方法实现任务预测、自动分配、执行任务和智能决策等功能。这种机器人的工作效率一定会超过人工，未来会取代人类从事更多的标准化工作。

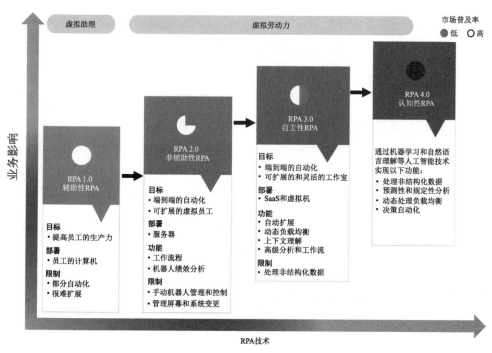

图 5-4　RPA 发展的 4 个阶段

国外比较有名的 RPA 初创公司有 UIPath、Automation Anywhere 和 Blue Prism。国内有来也、云扩和弘玑等创业公司，阿里巴巴、腾讯、微软、IBM 和三星等国内外大厂也有各自的 RPA 产品。作为公司里负责运营的 COO，并不需要了解所有的 RPA 产品，而只需要选择能够完成工作目标的产品就可以。我们看到的 RPA 产品在功能上都大同小异，只是在一些特定功能上有些许差异而已。

5.3　用数据驱动决策

如果你要向一家新的供应商采购一批货物,这家供应商的老板和你所在公司的董事长是好朋友,需要预先付给这家供应商100万元的货款,你作为负责运营的经理,这个合同是签还是不签呢?

这个问题不是一个技术问题,而是一个运营方面的问题。如何决策,能反映这家公司的运营逻辑。在民营企业中,有的公司由于其董事长和供应商的老板是好朋友,因此有董事长的信誉作为担保,往往会签署这个预付合同。而数据驱动的逻辑就不是这样,这家公司的注册资本、成立年限、过去的信誉,以及有没有法律诉讼问题等都是评估公司信用和资质的数据。董事长的信誉担保也是其中要评估的一项数据,但是这项数据对于评估是否能签署合同的影响程度有所不同。

随着云计算和数字经济的到来,用数据来驱动决策成为运营中一个非常重要的方式。建设业务中台和数据中台的本质也是为了能获取更多的数据,从而帮助运营者进行决策。其实云计算运营本身也是一个数据驱动的业务。比如,如果能够统计清楚每天、每周及每个月的运营规律,就可以按照过去的历史记录对未来的运营情况进行分析和预测,从而在不同的区域安排不同的计算能力。也可以对云计算资源的需求进行预先设计和调配,从而提高云计算运营商的运营效率,降低运营成本。

数据驱动决策(Data Driven Decision Making,DDDM)是指使用事实、指标和数据来指导与目标、追求和计划相一致的战略业务决策。要实现数据驱动决策,需要通过批判性思维和创新的文化,让每个层级的人员通过数据进行对话,而不是通过"我觉得""可能""我感觉""根据经验"等进行决策。在工作中,建立以数据为依据的习惯,通过敏捷、专业和生态这三方面的核心能力,把数据整合到决策周期中,从而提高企业的决策能力。

要进行数据驱动决策,首先取决于文化和习惯,包括是否信任数据,对数据的偏差理解,以及克服经验和直觉进行决策等;其次才是技术问题,即通过使用不同的技术手段和应用系统，检测并获取没有偏见的数据，然后根据这些数据配合一些统计分析技术，从而获得决策的依据并将其反馈到业务运营中，最后通过结果进一步影响或修正决策。

各个行业里通过数据驱动决策的例子很多。例如，Netflix 公司一开始做的是 DVD 共享业务，后来抓住了在线视频的机会，根据用户观赏电影和电视的习惯，分析最受用户喜爱的情节，从而影响制片人和导演，帮助他们拍摄出深受用户喜爱的剧作，如其推出的电视剧《纸牌屋》和《鱿鱼游戏》等都大获好评。

数据驱动决策还有一个例子就是应用于拥有海量数据的在线电子商务网站。例如，亚马逊和淘宝等销售平台都在利用用户的浏览记录和购买数据，向用户推送相应的广告信息，从而促进用户进行更多的消费。如果没有数据驱动决策，或许亚马逊和淘宝就难以达到今天的规模。

数据驱动决策需要业务人员和专业数据分析人员的参与。根据全球知名云上商业智能（BI）可视化分析公司 Tableau 的观点可知，有效制定数据驱动决策可以分成 6 个步骤[⊖]，如图 5-5 所示。

（1）确立业务目标，了解使命。例如，确定 KPI 或者 OKR，明确企业的发展战略等。

（2）对业务团队开展关键数据源调查，从整个组织中收集意见和建议，了解短期和长期的建议。

（3）收集和准备需要的数据，根据数据的重要程度进行数据清洗和治理。

（4）进行数据分析，通过统计或预测性的方法处理相应的数据。

（5）形成见解，得出结论。

（6）根据见解采取行动并分享见解。

对于数据分析，这里需要多讲几句。这部分内容

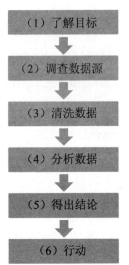

图 5-5 数据驱动决策的步骤

⊖ https://www.tableau.com/zh-cn/learn/articles/data-driven-decision-making。

其实是数据专业人员的专长。数据分析主要通过统计和机器学习等方法获得数据模型，如线性回归、决策树和随机森林建模等，能够帮助人们找到数据中的核心信息并形成相应的见解。我们可以将数据信息分为描述性信息、推论信息和预测信息，对于不同的信息进行分类，有助于人们形成更清晰的见解。

数据驱动决策的理论还处于发展期，毕竟不同的人对相同的数据可能有不同的解读。对于企业而言，数据驱动决策是企业数字化转型必不可少的手段，应该用数据管理企业，而不是通过流程或者领导者的喜好来管理企业。Carl Anderson 在 Creating a Data-Driven Organization（《创造数据驱动的组织》）这本书中对数据驱动的描述是"构建工具、能力，以及根据数据去决定行为的文化"。

我一直提到的云计算所倡导的敏捷性，其实也是数据驱动决策核心能力的一部分。云计算本身对数据驱动决策并没有什么直接效果，但是基于云计算平台提供的数据分析能力让企业的数据驱动决策成为可能。尤其是在云上随手可以获得的 SaaS 软件，让数据驱动决策变得非常简单。例如 Tableau、PowerBI 和 Splunk 等软件，它们在 IT 领域为客户提供快速的数据分析和展现功能。一方面，云计算的广泛使用让数据的获取变得更加简单；另一方面，通过人工智能算法可以对海量数据进行挖掘并形成共识和见解，从而最终形成决策的依据。

5.4 总　　结

云计算对企业运营的影响是深刻的，运营思路、运营平台和运营工具都会发生巨大的变化。企业对运营敏捷性的要求越来越高，云计算提供的快捷平台和 SaaS 软件能够帮助企业实现数据驱动决策，并建立高效的中台，从而为业务提供支持。企业运营还有自动化的需求，随着自主性 RPA 的发展和低代码开发平台的广泛应用，企业以往大量需要人工的岗位未来将会被机器人所替代，企业的运营效率将会大大提升，而人被解放出来后就能够从事更多的定制化和创新性工作。

本章还介绍了中台的概念。企业使用中台是为了提高敏捷性和自动化能力。

例如，通过云上的低代码开发平台和 RPA 能够实现更强大的自动化功能，通过数据驱动决策工具，如 Tableau、PowerBI 和 Splunk 等，能进一步实现业务目标。云计算的理念和工具能够帮助企业进一步提高运营效率，全面提升数字化能力，从而在数字经济时代提高企业的竞争力。

第6章

用云驱动营销

云计算早期是从云营销软件发展而来的。本章将介绍营销云和客户数据平台的相关知识,通过通用的云计算工具,帮助企业快速拓展销售渠道,从而实现销售的快速增长和对客户的有效管理。

本章我们来聊聊如何用云来驱动市场工作和销售工作。对于一个公司来说，重要的工作之一就是营销，包括市场推广和销售管理等。高举云计算大旗的 Salesforce 公司在营销领域推出了优秀的 SaaS 软件，使得其成为全球第三大软件公司。

6.1 "软件终结者"的故事

1999 年，一个叫 Salesforce 的公司成立于美国加州旧金山的 Telegraph Hill。这个公司在成立的时候提出了一个非常有趣的概念叫作"软件终结者"。如图 6-1 所示就是 Salesforce 公司的标志和广告。

那个时代的软件公司，如微软和 Oracle，它们以软件授权（Software License）的方式为客户提供软件。客户在购买软件授权以后，就有权在自己的计算机或者服务器上安装软件，并使用软件的功能，而且客户对这套软件有永久的使用权利。而通过特殊方式制作，没有购买授权的软件就是盗版软件。盗版是一种违法行为。软件授权的好处是可以长期使用，其缺点是没有办法随时更新，软件的一些新功能或新版本还需要用户再次购买。

图 6-1　Salesforce 公司的标志和广告

很多人对这种方式嗤之以鼻。例如,开源社区提出软件应该让全人类共享,Linux 之父林纳斯·本纳第克特·托瓦兹(Linus Benedict Torvalds)在自由软件的倡导者理查德·斯托曼(Richard Stallman)的感召下把 Linux 的源代码全部都共享了出来,让大家免费使用,从而使 Linux 得到了极其广泛的应用,成为除了 Windows 之外最主流的操作系统。

虽然开源软件没有授权费用,但是由于其管理成本比较高,因此需要大量的专业人员维护相关代码,才能满足企业的定制化需求。在这种需求模式下催生了全球最大的开源软件公司 RedHat,它致力于帮助企业级客户维护企业版的 RedHat Linux 系统。

Salesforce 公司则提出了一个更激进的概念:软件终结者。这家公司在 20 世纪 90 年代的时候就大胆提出:客户不需要购买软件,只需要直接购买服务就可以。客户不需要关心软件的维护、更新和升级等,只需要按照使用量进行付费,就能够持续获得最新的软件服务。这样既能解决软件授权模式不能持续更新的问题,又能解决开源软件需要专业人员维护所造成的成本过高的问题。

Salesforce 公司在刚进入市场的时候是以创新者甚至"颠覆者"的面貌出现的,软件和硬件厂商都不喜欢该公司。为什么呢?因为 Salesforce 公司不需要客户购买硬件和软件,连维护费用也省了,客户只需要每个月或者每年按照用户数量交费就行。这跟我们今天用水、用电和用宽带的时候按照时间或者流量来付费一样,不仅能减少客户的开销,而且能提高客户的效率,使客户不用再浪费更多的精力用于 IT 方面。虽然传统的 IT 厂商不喜欢 Salesforce 公司,但是客户对其却非常喜欢,这促使 Salesforce 公司得到了快速的发展。可以说,Salesforce 公司是 SaaS 的"鼻祖"。2020 年,Salesforce 公司的营收超过 200 亿美元,并且持续保持每年超过 20% 的增长率。

6.2 用云解决销售问题

Salesforce 公司为什么在云计算领域如此优秀呢?不仅是因为其利用了云计

算的各种优势,而且还因为它开发了全球最好用的客户关系管理 SaaS 软件。2004 年 6 月,Salesforce 公司在纽交所上市,其股票代码叫作 CRM,即客户关系管理(Customer Relationship Management,CRM)。今天,Salesforce 公司已有 15 万家企业客户,全球大量的企业都使用 Salesforce 公司的 CRM 软件进行客户关系管理及营销管理。

许多企业,尤其是 ToB 企业,在进行企业销售管理的时候经常会遇到不同的问题。例如,销售信息未共享,客户组织结构复杂,跟进客户的过程中有大量的不可控因素,以及对客户的实际需求不了解等。如何把单点式的销售模式变为系统化的管理模式,成为销售管理中非常重要的问题。

CRM 就是用来解决这些问题的。我们从最简单的客户信息管理说起。比如我们需要存储客户所在企业里某个岗位人员的姓名、邮件、电话和微信等信息,以便于需要查询的时候可以方便地直接找到。你可能会说这就是个通信录。是的,这就是一个通信录,但是基于这个通信录我们还需要延伸更多的东西。例如:这个人能否形成销售线索?他提供给我什么样的商机信息?我的销售人员通过什么方式拜访了这位客户?他的拜访频率如何?客户有什么兴趣和爱好?他的"痛点"是什么?客户所在公司是上市公司吗?客户所在公司过去有什么信息是需要销售人员了解的?客户所在公司的组织结构如何?有哪些竞争对手也拜访了这家公司?今年这家公司给我们的产品安排了多少预算?客户所在公司是否有进行数字化转型的意愿?客户所在公司当前的数字化水平怎么样?

以上问题都是一个优秀的销售人员在销售过程中需要考虑的。如果这些信息能够用非常简单的模式让销售人员得到,那么不仅能解决企业销售管理方面的问题,而且也可以帮助销售人员理解客户的实际需求,进一步提高赢单率,从而形成销售订单。这还不是销售流程的全部。我们还可以通过 CRM 系统来管理供应商,采购原材料,处理购销合同等,从而管理从销售线索获取,到销售人员拜访客户,直到签约甚至交付和收款的全过程。CRM 系统能够帮助企业管理客户关系,不断提升客户服务质量,形成企业和客户共同发展的模式。在云计算时代,CRM 借助云计算发挥出了巨大的作用,这使得 Salesforce 公司异军突起,成为云计算时代

SaaS 的 "巨无霸" 厂商。

Gartner 对客户关系管理的定义为：客户关系管理是一种优化收入和盈利能力，同时提高客户满意度和忠诚度的业务战略[⊖]。客户关系管理技术支持制定战略，识别和管理客户关系，无论是面对面的还是虚拟的。

前面只介绍了 CRM 的客户管理部分，而现在的 CRM 软件为企业提供了 4 个方面的功能，即**销售**、**市场营销**、**客户服务**和**数字商务**。

CRM 的主要手段和目的可以用 CRM 的 10C 架构[⊖]来概括，如图 6-2 所示。

图 6-2　CRM 的 10C 架构

⊖ Customer Relationship Management, Gartner Glossary, https://www.gartner.com/en/information-technology/glossary/customer-relationship-management-crm。

⊖ CRM 的 10C 架构, https://coffee.pmcaff.com/article/2255384528333952/。

- 顾客资料：企业对顾客集成信息的搜集，包括人口统计信息、消费心理特性、消费需求、消费行为模式、交易记录和信用等，以充分了解顾客画像的轮廓。
- 顾客知识：由与顾客相关的一些信息转换而来，从而能让 CRM 系统根据这些知识"总结"出经验法则，并通过这些经验法则中得到的因果关系更好地提供销售管理服务。
- 顾客细分：将消费者按照对产品和服务的欲望与需求区分为不同的顾客群，或以顾客获利率来区分，后者对 CRM 尤其重要。
- 顾客化 / 定制化：为单一顾客量身定制的符合其个别需求的产品和服务，如一对一的价格、一对一的促销和一对一的通路等。这是 CRM 的重要手段之一，体现的是由规模营销（Mass Marketing）到细分营销（Segmentation Marketing），再到一对一营销（One to One Marketing）。
- 顾客价值：顾客期望从特定的产品和服务中所能获得的利益集合，包括产品价值、服务价值、员工友谊价值和品牌价值等。CRM 用于提高顾客价值并降低客户维护成本。
- 顾客满意度：顾客比较其对产品和服务品质的"期望"与"实际感受"后，所感受到的愉悦程度。
- 顾客开发：对于已有的老顾客，应想尽办法提升其对本公司的钱包贡献度。主要有如下两种做法：
  - 交叉销售（Cross Sell）：吸引老顾客来采购公司的其他产品，以扩大其对本公司的净值贡献。
  - 向上销售（Up Sell）：在适当的时机向顾客推销更新、更好和更贵的同类产品。
- 顾客留存率：指如何留住有价值的老顾客，不让他们流失，利用优秀、贴心和量身定制的产品与服务来提升顾客的满意度，降低顾客流失率（Churn Rate），从而获取顾客的终身价值。
- 顾客赢取率：提供比竞争对手更高价值的产品与服务，来吸引和获得新顾客的青睐，从而促成其进行采购。
- 顾客获利率：顾客终身对企业所贡献的利润，即顾客终身采购金额扣除企业花在顾客身上的营销成本与管理成本后的所得。

国内提供 CRM SaaS 的供应商很多，如"销售易"和"纷享销客"等，它们的产品都有和 Salesforce 公司产品类似的功能。值得注意的是，这几年阿里巴巴的钉钉、腾讯的企业微信、字节跳动的飞书也都融入了一些 CRM 的功能，从企业运营和通信软件领域进入了这个市场。

越来越多的企业已经开始使用 CRM 系统管理企业的销售。无论是 2B 企业还是 2C 企业，CRM 系统都已经非常成熟。随着 CRM 软件的不断云化，其在一些特定的功能模块中也逐步融入了一些新的概念和工具，来适应当前快速变化的市场。接下来就给大家简单介绍一下。

6.3 营销云

除了销售，市场工作对企业也是非常关键的。我们经常会听到如 MarTech 或者 Marketing Technology 这样的概念，都表示营销技术。在不确定的市场环境中，首席市场官（CMO）需要通过各种最新的技术和平台，完成如广告推广、内容体验、社交，以及前面我们提到的商务和销售管理等一系列工作。营销云（Marketing Cloud）能在云上解决这些问题。

也有人把营销云说成市场云，其实意思都大同小异，都是指云上的市场工具和解决方案的整合套件。大部分的营销云都具有以下功能：

- 多渠道营销：负责营销策略的构建、执行、分析和优化。
- 个性化引擎：负责客户交互的个性化，提升交互体验。
- 广告平台：连接第三方付费媒体平台并执行投放策略。
- 分析平台：负责营销、广告投放和产品体验的数据分析。
- 数据管理平台：管理数据，用于广告的程序化投放，支持受众的定向投放和个性化投放。

- 渠道触达平台：负责自有渠道的连接和管理，以及营销策略的执行，包括线上和线下方式。
- 内容营销平台（Content Marketing Platform，CMP）：负责管理和分析用于交互的数字资产，包括创建、协同、发布和效果洞察等能力。
- 人工智能平台：通过使用人工智能工具或算法提升营销效率。

例如，Salesforce公司的营销云就有构建全渠道一对一用户体验的Journey Builder、定制化电子邮件市场营销活动的Email Studio、分析所有数据的客户数据平台Customer 360 Audiences和用于B2B市场自动化的Pardot等十几个不同的模块，以满足各类客户的需求。

举个例子，某化妆品公司需要做一个新产品的品牌推广活动，市场部门通过邀请明星的方式进行线上和线下推广活动，配合产品在天猫、京东和抖音等平台全面上架，选择的目标用户群为20～30岁的二三线城市的年轻女性用户。如果按照传统的营销方式，这个场景需要大量的市场专业人员先进行数据分析，选择合适的广告平台，然后选择明星，设计活动形式并邀请相关用户。而在营销云平台上，则可以根据产品的设计及推广理念，先在小范围内进行推广，定向推送到小范围的潜在客户那里，在获得相关的数据之后，再通过平台的分析能力了解推送的效果，然后还可以获取这些用户在社交媒体上对这个新产品的反馈信息，最后对推送算法进行相应的更新和优化。随着积累的数据越来越多，客户推送的精确度越来越高，转化率也越来越高，从而拉动这个产品的销售量不断增长。未来，随着数据的不断积累，这个品牌可以通过人工智能算法进行建模，在下次推广类似品牌的产品时使用更高效的推送算法，将广告直接推送给目标客户和目标人群，以大幅提高营销的效率。这就是全新的营销云能够帮助品牌主在品牌推广和广告推送上实现的功能，也是市场活动越来越小型化、敏捷和有针对性的表现之一。

随着市场的变化，营销手段也越来越多样化。无论是2B还是2C市场，更多的需求是个性化、自动化和实时反馈的。例如，广告主需要管理市场活动，对广告进行智能投放，并根据客户的忠诚度对客户进行细分并了解客户的具体画像，以及通过对数据和内容的管理，智能地满足客户的生命周期管理。营销云还有一个非常大的特点是可以伴随着市场的变化而不断地更新其产品，持续地满足客户的需求，且能做到不增加更多的收费。这是因为营销云是按照云的模式，通过用量或者效果来计费的，可以提高投资收益率。

Salesforce 公司是营销云的头号"玩家"之一。2014 年，ExactTarget 被 Salesforce 公司收购，后改名为 Salesforce 营销云。除此之外，国外开展营销云业务的公司还有 Adobe、Oracle、Marketo、HubSpot 和 Shopify 等，国内也有大量的公司开展这方面的业务，如 Convertlab（上海欣兆阳信息科技有限公司）。

6.4 客户数据平台

近几年营销技术的新概念层出不穷，这里再介绍一个和云计算紧密相关的概念——**客户数据平台**（Customer Data Platform，CDP）。CDP 学院[一]在 2016 年提出的 CDP 的定义如下：

客户数据平台（CDP）是一个打包软件，它创建了一个持久、统一的客户数据库，其他系统可以访问该数据库。

简而言之，客户数据平台就是通过多数据源的综合数据处理技术构建用户画像的平台。这些数据源可以包括三类数据：第一类是 App 内的行为数据、CRM 数据及其他自有渠道的行为数据等；第二类是媒体交互行为数据，如网站分析、舆情和广告监控等数据；第三类是数据平台及运营商提供的数据等。此外，也可以将数据分为行为数据、交易数据和统计数据等。

由于 Gartner 和其他机构对 CDP 也有不同的定义，因此有时我们会听到数据中台跟 CDP 也紧密相关，甚至可能是同一件事。CDP 的基础架构如图 6-3 所示。

[一] https://www.cdpinstitute.org/。

为了给客户提供一致的体验，无论客户通过何种渠道购买公司的产品，都需要让客户对公司的品牌和产品拥有最新的和统一维护的体验，这是 CDP 非常重要的功能。例如，无论你是在抖音、京东和淘宝购买海尔电器，还是在大润发和好市多购买海尔电器，都期待海尔电器能提供统一的标准服务。在传统模式下，不同渠道的服务质量是不同的，而 CDP 的出现让这成为可能。

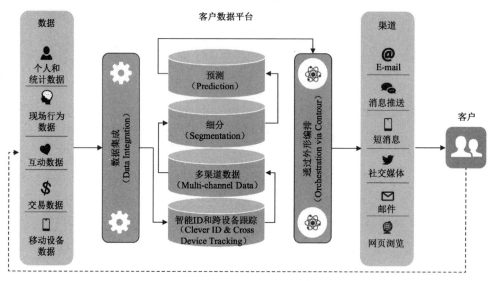

图 6-3　CDP 的基础架构

CDP 的主要优势如下：

- 获得真正的客户全景画像。由于 CDP 整合了企业在每个渠道与客户交互的第一方数据，因此从移动端到 Web 端，到 POS 支付，到后台 ERP，再到售后系统等，企业将拥有一个持续更新的客户全景画像，这样就可以基于用户画像制定灵活的营销策略。
- 构建更打动人心的客户旅程体验。CDP 可以把连接客户的各个工具串联起来，能够构建定制的和一对一的客户旅程。前面提到的 Salesforce Journey Building 就是基于 CDP 进行的客户旅程设计。
- 保证客户数据的单一来源，且确保真实性。CDP 是组织强制执行的通用数据标准，可以保证数据的正确性，并符合企业内部的隐私和安全策略。这些数据经过清洗或者脱敏之后能够被企业的所有工具使用。

企业使用CDP的场景很多，例如线上和线下连接、客户细分和个性化、销售线索评分、产品推荐、转化率优化、A/B测试、全渠道自动化及顾客生命周期价值（CLV）提升等，这里不一一展开。

未来，CDP将会发展成CIP（Customer Intelligence Platform），即客户智能平台。CIP通过人工智能及机器学习预测数据模型，从而生成更强大、更有执行力的数据见解及洞察。CIP可以和销售系统以及客服系统分享这些见解，这将进一步提高销售团队的能力，发掘更多的市场机会。例如，全渠道归因算法可以评估全渠道的市场活动效果就是CIP的一个例子，当然这个算法还需要不断地进行优化和改进。

6.5 两个实际的例子

有很多给客户上云的相关案例，这里分享两个例子。

1. Salesforce的CRM实施案例

有一家全球特大型的基础制造服务商，其在非洲、中东、欧洲及国内都有大量的基础设施建设业务，如修路和造桥等。该公司希望能够非常方便地管理全球销售人员，比如在中国有1000名销售人员，而在非洲某个国家可能只有个位数的销售人员。按照传统的做法，需要在各地建设数据中心并把软件部署到数据中心中，同时还要建立全球性的连接以保证数据的安全，并且把国内和国外的数据进行同步，这种做法显然是不现实的。

经过前面的学习，大家肯定能想到该公司会选择Salesforce进行客户关系管理。原因有三点：第一，Salesforce在全球范围内已经有大量的数据中心；第二，在国内也可以使用Salesforce；第三，Salesforce按照账户数量来收费。这样就可以非常容易地把销售网络扩展到非洲而不需要做太多工作。事实上也是这样，我们花了很少的时间帮助这家企业实施CRM，使得任何地区的销售人员都可以用相同的系统来管理客户关系。

我们的工作主要是梳理企业的销售流程，让 Salesforce 能满足企业的需求，按照企业内部的管理要求设置相应的流程，而其他的 CRM 功能，如销售线索和商机管理等，直接使用 Salesforce 本身的功能就可以。由于 Salesforce 会不断地增加新功能，而且在这个行业也有大量的数据积累，因此它可以帮助该公司在不同的国家迅速拓展市场。我们从客户的业务挑战与痛点、主要用户、管理内容和业务价值 4 方面进行分析，如图 6-4 所示。

对于销售人员而言，他们每天的工作就是登录网站，了解工作计划，明确今天要做什么，明天要做什么，需要了解的内容是什么，话术是什么。而管理人员可以根据自己的需求，指导销售人员设计销售策略，了解销售人员和客户沟通的频率与内容等。运营管理人员可以通过整个系统了解销售人员投入的时间及售前的资源投入，从而计算整个项目的投资回报。

以上是一个 CRM 的例子，接下来再讲一个 CDP 的例子。

2. CDP 实施案例

一家总部在香港的知名化妆品公司，其业务覆盖亚太多地。该公司选择把系统迁移到公有云上，然后需要搭建 CDP。正如之前提到的那样，我们需要在公有云上搭建基础设施，存储第一方、第二方和第三方数据。在公有云上，我们可以很容易地收集互联网上的外部数据，还可以通过内部数据中心整合系统的相关数据，同时利用公有云的"无限"计算能力，不断地更新和计算客户画像，并再次向公司的其他系统进行分享。

有了 CDP 之后，该公司的市场营销活动周期大大缩短，最终顾客的画像精度也得到了大幅提高。当某个顾客在互联网平台上发布对公司产品的看法和评价之后，市场部门就能够迅速地获得相关的信息并制定特定的广告营销策略，从而能够针对特定的人群发布特定的市场活动以提高销量，并改善客户对产品和品牌的认知及体验。

CDP 建设的定制化程度相对比较高。毕竟每家公司的系统是不一样的，而且

第6章 用云驱动营销

案例价值概览

一家全球领先的特大型基础设施综合服务商,主要从事交通基础设施的投资、建设与运营,以及装备制造、房地产开发及城市综合开发等业务,为客户提供投资与融资、咨询与规划、设计与建造、管理与运营等一揽子解决方案和一体化服务。

以Salesforce平台为基础,我们建设了数字化营销管理平台,该项目主要集中在华中平台搭建,等方面。在搭建好的营销管理平台基础上,还可以继续扩展建设,充分利用组件化与模型化架构,以及快速实施部署、快速无缝集成与整合等优势,充分发挥大营销平台合作为业务前台合作中台的作用。

业务挑战与痛点
- 没有客户的全景视图
- 数据分散保存,不集中且不完整
- 无法移动化访问数据和处理工作
- 需要提升全流程的统一管理、实现流程自动化
- 全过程可跟踪、追溯与可记录
- 更实时与高效地获取项目进度和管理报表
- 能够从管理过程中挖掘更多的业务机会
- 支持可持续变革和技术和平台
- 满足合规性要求
- 系统可及时响应、并支持组织结构的变化
- 使用的技术能不断地发展

主要用户
- 业务机会销售负责人
- 项目经理与驻场经理
- 专家与技术人员
- 资格审查人员
- 分包商
- 用户
- 合作方(设计、施工与服务等)
- 法务人员
- 财务人员

管理内容
- 企业客户和企业合作伙伴
- 个人客户和个人合作伙伴
- 线索联系人用户(公司内的用户)
- 业务机会(项目)
- 市场动态事件(投诉、变更和计划的修订等)
- 合同
- 定制对象(项目、计划、订单、属性、发票、招标、调查与维护)
- 文件(各类计划、图纸与文档)

业务价值
- 客户全景视图
- 提高效率和生产力
- 提高预测的准确性
- 业务流程标准化
- 更快速响应客户和市场的变化
- 降低成本
- 提高客户的满意度
- 信息的集中管控
- 和客户及合作伙伴更通畅地沟通
- 提升自动化管理能力
- 业务流程标准化
- 不断创新的能力

图 6-4 Salesforce 实施案例

实现客户画像的算法也不尽相同，对外分享的规则也不一样，这意味着 CDP 提供的是一项长期不断更新的服务，而不是一次性交付产品。云计算的本质是一种服务，CDP 也是一种服务，它通过数据不断地驱动业务，然后将业务的变化情况反馈给系统。我们的工作就是根据公司的情况不断地优化平台的建设工作，同时增加更多的功能以适应公司业务不断增长的需求。

6.6 总　　结

本章介绍了在云上进行营销的相关知识和案例，其中重点介绍了 Salesforce 的案例、CRM、营销云，还重点介绍了最近比较热门的客户数据平台（也可以叫数据中台）。

最初云计算的应用是从营销领域开始的，这也是最成熟的应用领域，之后逐步扩展为营销云、客户数据平台以及客户智能平台。企业的营销工作首先可以考虑在云上构建完整的营销体系，让内部和外部都适应云上销售的工作模式，然后进一步通过其他工具和平台提高销售能力和市场能力，从而满足市场的变化。在瞬息万变的市场竞争中，通过数字化平台和团队数字化能力适应市场变化，快速响应并满足顾客的需求，才能真正解决企业在营销方面的核心问题。

第 7 章

云上的制造业

制造业是国家产业发展的基础。通过云制造、智能制造和工业互联网,可以持续赋能制造业,从而帮助企业实现制造业的升级和生产效率的持续提高。

首先给大家讲讲"犀牛智造"的故事。2020年9月，阿里巴巴宣布历时三年打造的新制造平台"犀牛智造"正式亮相（见图7-1）。这个平台主要为中小企业服务，可以在服装制造行业实现小单起订、快速反应的定制化制造模式，从而实现按需生产。通过阿里的数据能力打通消费数据和制造数据，实现针对销售和生产的预测，让服装制造业实现智能化、个性化和定制化的升级。

图7-1　阿里巴巴的犀牛智造平台

例如，我在淘宝上下单做一件T恤衫，上面有我定制的图案。淘宝收到我的订单以后，可以直接在空闲的生产线上生产，而不必关心这条生产线属于哪个制造商。这种生产模式之所以可以实现按需动态调度，是因为充分利用了云计算的弹性和敏捷性特点。这也不是一个新概念，几十年前日本的制造业就提出过柔性制造的理念，其核心就是定制化。这种以消费者为导向的生产模式有别于传统的大批量生产模式，它主要针对的是小批量的定制化生产，可以满足当前电子商务快速发展时代客户的个性化需求。

7.1 云制造

什么是**云制造**呢？这其实是在"制造即服务"的理念上发展起来的一个概念。云制造借鉴了云计算的敏捷性和弹性等特点，并试图把这些特点应用于传统的制造业领域。云制造的目的是融合先进的信息技术、制造技术及物联网技术，采取包括云计算在内的各种前沿理念，使制造业在广泛的网络资源环境支持下，提高产品的附加值，降低产品成本，实现全球化的制造服务。

跟云计算一样，云制造是为了避免制造资源浪费，从而利用信息技术实现制造资源的高度共享，把庞大的社会制造资源连接在一起，提供各种制造服务，实现制造资源和服务的开放协作，并共享社会资源。这样，企业不需要投入高昂的成本购买加工设备等资料，而是可以通过公共平台进行租赁，即所谓的云制造。在理想的情况下，云制造将实现对产品的开发、生产、销售和使用等全生命周期相关资源的整合，提供标准、规范、可共享及拥有服务等级协议的制造服务模式，就像云计算一样，按需或按量使用制造服务。

犀牛智造就是云制造的一个具体实现，云制造需要设计相应的体系架构，涉及不同的技术和应用方向。当前这类设计还不是特别成熟。云制造在不断发展的过程中将会逐渐融合前面介绍的智能制造和工业4.0等理念，逐步变得越来越成熟。

智能制造系统（Intelligent Manufacturing System，IMS）是在20世纪90年代由日本提出的。当时它主要指由智能机器和人类专家共同组成的人机一体化智能系统，在产品制造的过程中进行一系列智能活动，如分析、推理、判断、构思和决策等。通过人和智能机器的合作，能够扩大、延伸和部分取代人类专家在制造过程中进行的脑力劳动工作。智能制造系统把制造自动化的概念进行了更新，并扩展到柔性化、智能化和高度集成化等领域。

随着人工智能的快速发展，生产制造环节将更多地融入智能的特性。通过数据分析和处理，可以进一步延伸智能制造的外延，从而形成"云制造"的概念。云制造除了包含智能制造的概念之外，还包括信息技术中的各种技术，如云计算、大数据、人工智能和物联网等。云制造可以突破传统制造业领域，从设计、生产、制造，到销售、维护、售后及客服等领域，全面地重构制造生产的全过程。

7.2 智能制造

工业4.0是德国在2013年提出的，其核心目的是增加德国工业的竞争力，在下一轮工业革命中占领先机。工业4.0是指利用信息物理系统（Cyber Physical System，CPS）将生产中的供应信息、制造信息和销售信息数据化与智能化，最后达到快速、有效和个性化地供应产品的目的。"中国制造2025"其实和德国的"工业4.0"有异曲同工之效，目的是让中国成为制造强国。

工业4.0被认为是第四次工业革命，主要包括三大主题：智能工厂、智能生产和智能物流。智能工厂重点研究智能化生产系统及过程，以及网络化分布式生产设施的实现；智能生产主要涉及整个企业的生产物流管理、人机互动及3D技术在工业生产过程中的应用等；智能物流主要通过互联网、物联网和物流网来整合物流资源，充分发挥现有物流资源供应方的作用，而需求方则能够快速获得服务匹配，得到物流支持。

工业4.0的本质是通过数据流自动化技术，从规模经济转向范围经济，以同质化和规模化的产品成本，构建异质化和定制化的产业。对于产业结构改革而言，这是一个至关重要的作用。工业4.0正在驱动新一轮的工业革命，其核心特征是互联，也就是我们接下来会介绍的工业物联网。工业物联网技术可以降低信息不对称，加速生产者和消费者之间的相互联系和反馈，因此可以催生出消费者驱动的商业模式，而工业4.0是实现这一模式的关键环节。工业4.0代表"互联网+制造业"的智能生产模式，能孕育出大量的新型商业模式，还能够真正实现C2B2C。

工业4.0主要包括9大支柱技术，除了**云计算**以外还有**工业仿真**、**自治机器人**、**网络安全**、**3D打印**、**物联网（IoT）**、**大数据**、**系统集成**和**增强现实**，如图7-2所示。

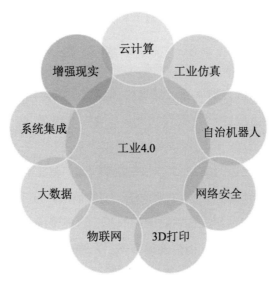

图 7-2　工业 4.0 的 9 大技术支柱

举个例子：在德国斯图加特的奥迪汽车工厂里，奥迪公司通过使用库卡机器人的机械臂和多种不同的传感器，可以完成生产整车的 2000 多道程序，只有最后几步需要人工完成。奥迪公司利用大量的传感器收集生产数据，可以将其用于控制汽车的生产质量和进度，并利用人工智能对数据进行建模和分析，能够对汽车的运行进行预测性分析，不仅可以提高产能，而且还可以大幅降低整车的缺陷率。汽车生产已经成为工业 4.0 非常典型的应用场景。

7.3　工业物联网

正如我在上一节中提到的，仅有云计算技术是不够的。工业 4.0 时代的工业物联网（Industrial IoT）是一个非常重要的概念和技术，只有通过工业物联网，才能以非常低的成本获得生产制造中需要的数据，从而实现工业 4.0 的要求。工业物联网包括硬件、软件和网络。硬件即传感器和边缘节点等，软件则是用来管理和监控工业制造生产的系统,各类数据通过网络进行双向传递,从而完全智能地实现对生产的管理。

让我们先来看看物联网。物联网是指通过信息传感设备,按约定的协议将任何物体与网络相连接,物体通过信息传播媒介进行信息交换和通信,以实现智能化识别、定位、跟踪和监管等功能。图 7-3 给出了 IoT 分析网站（https://iot-analytics.com/）提出的广义物联网和工业物联网之间的关系。

可以看到,越往左边的领域和工业的关系越远,越往右边的领域和工业的关系越近,最右边的领域就是工业 4.0 定义的工业物联网。行业依次是零售、医疗保健、保险、车联网、房地产、智慧城市和能源、自然资源及互联工业,其中互联工业包括互联工厂、数字工厂和智能运维等。未来应用于工业中的物联网将会发挥巨大的价值,从而全面支持工业 4.0 的实现。

工业物联网将具有感知和监控能力的各类采集器、传感器和控制器,以及泛在技术（Ubiquitous Technology）、移动通信和智能分析等技术不断地融入工业生产的各个环节,从而大幅提高制造效率,改善产品质量,降低产品成本和资源消耗,最终实现将传统工业提升到智能化工业的新阶段。从应用形式上看,工业物联网应用具有实时性、自动化、嵌入式（软件）、安全性以及信息互通与互联等特点。

工业物联网有各种不同的应用。例如,预测性维护通过传感器采集的实时数据进行数据分析,从而更快地发现异常和问题,在设备出现故障之前就维护设备,避免设备突然停机。再如,资产跟踪通过 RFID 或者传感器追踪货物的位置、状况和存放的环境,如果出现损坏或危险,就可以发送警报。再如,节能通过智能电表让生产企业可以监控能源分配和消耗的路径,如果设备无效空转,就可以自动关闭以减少能源的浪费。

这里提到的只是工业物联网的几个应用场景而已。它主要涉及传感器技术、设备兼容技术、网络技术、信息处理技术和安全技术等。在这些不同技术的加持下,工业物联网成为制造业的信息化基础,能够帮助企业全面管理制造业的各个环节。

第7章 云上的制造业

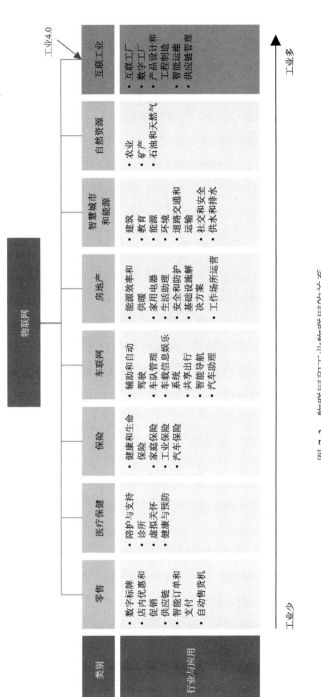

图 7-3 物联网和工业物联网的关系

7.4 云上的工业软件

前几年我听到有人把"云制造"定义成"制造相关的软件上云",或者"云上的工业软件",如 ERP on Cloud,这个只能算狭义定义,只表示工业软件的 SaaS 化而已。不过这的确是最近这几年制造业的发展趋势。制造相关的软件上云对制造业来说有巨大的好处,如果制造企业没有 IT 部门的话,那么可以选择 SaaS 化的管理软件,如云化的 ERP,从而享受云计算带来的便利,如按需付费、敏捷性和无须维护等。

广义的工业软件可以分为研发设计类、运营管理类和生产控制类。研发设计类软件主要用于提高研发设计效率,增强协作能力,降低研发成本。研发设计类软件包括计算机辅助设计(Computer Aided Design,CAD)、产品数据管理(Product Data Management,PDM)和产品生命周期管理(Product Lifecycle Management,PLM)等系统。运营管理类软件主要用于推动精细化管理,降低成本,缩短运营管理的生命周期,提升周转能力,同时为上下游产业链协同合作打下基础。运营管理类软件主要包括 ERP 软件、CRM 软件、质量管理(Quality Management,QM)系统和供应链管理(Supply Chain Management,SCM)系统。生产控制类软件主要用于实现人和设备、机器、传感器及这些设备之间的交互,以提高生产效率,主要包括生产制造执行系统(Manufacturing Execution System,MES)和数据采集与监视控制系统(Supervisory Control And Data Acquisition,SCADA)。工业软件的具体分类如图 7-4 所示。

随着云计算的快速发展,这三类软件都在不断地云化,它们从传统的私有化部署转化为云部署的模式。例如,著名的 CAD 软件公司 Autodesk 已经将其全套软件设计成 SaaS 模式,工业软件的几个巨头,如西门子、达索、GE Digital、Honeywell 和 ABB 等都有各自的云上解决方案,包括模型设计、产品生命周期管理和生产制造执行系统等,全部都有云化的版本。更不要说传统的通过 ERP 进入这个市场的企业,如 SAP、Oracle 以及前面章节提到的 Salesforce,这类公司在云上的步子就更大了。西门子甚至收购了低代码开发平台 Mendix，它是通用型软件公司，是微软和 Oracle 等类型公司的"主战场"。我们从这一点上可以看出，通用型软件和专业软件逐步有了相互融合的趋势。

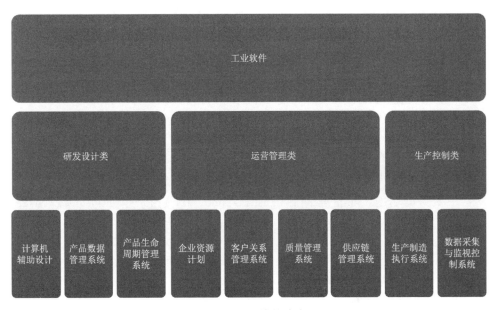

图 7-4　工业软件分类

7.4.1　云上的制造执行系统

本小节我们来聊聊 MES。MES 是一套面向制造企业车间执行层的生产信息化管理系统，包括制造数据管理、计划排程管理、生产调度管理、库存管理、质量管理、人力资源管理、工作中心和设备管理、工具和工装管理、采购管理、成本管理、项目看板管理、生产过程控制、底层数据集成分析以及上层数据集成分解等模块，可以为企业打造一个扎实、可靠、全面和可行的制造协同管理平台。

1995 年，美国国家标准协会（American National Standards Institute，ANSI）制定了 ISA-95 标准，为企业业务系统和制造操作系统之间的信息交互制定了抽象模型和标准术语。1997 年发布的 MES 11 模型定义了 MES 的核心功能，包括调度、排程、维护和质量管理等。

一般而言，MES 有以下 6 个核心功能：
- 数据采集；
- 生产排程；
- 工人和资源管理；
- 流程管理；
- 质量性能分析；
- 文件管理。

通过 MES 可以准时交付产品并保证产品质量，能够显著提高工厂的赢利能力。此外，MES 还包括缩短产品周期、减少或消除数据输入的时间、减少在制品及改善客户服务等功能。随着准时制（Just-in-Time，JIT）生产和面向订单（Make-to-Order，MTO）生产模式的广泛推进，MES 成为生产制造中不可缺少的核心部分。

那么云上的 MES 有什么变化呢？

先来看传统的 MES，它是一个相对封闭的制造执行系统，一般部署在工厂内部，有时候同一个企业的系统甚至是分离的。例如前文提到的 MES，其拥有分布式和智能化的特点，能够集成传感器、移动客户端和连接的网络等，从而实现自动化管理。此外，MES 还需要向企业提供高级数据分析能力，帮助企业持续改进管理效率，这些特点决定新一代的 MES 必须运行在云上，而不只是工厂内部的一套软件。

云上的 MES 一定是 SaaS 化的，它按照使用者的数量或者生产规模进行计量和收费，提供确定的服务等级协议，保证车间能够快速生产，同时在空余的时候能够承接云上的生产任务，从而提高车间的整体运营效率。这也是我提到的"云制造"的概念。云上的 MES 没有部署和运维成本，能够降低工厂的 IT 运维成本，让车间能够将更多的资源用在生产和主要业务上。

如果将 MES 全面放在公有云上，则会出现诸如延迟和安全性等一些问题。因此，云 MES 一般基于混合云架构部署，将重要的 MES 功能托管在现场或私有云上，从而实现更高的可控制性和安全性；而对于流程执行、调度、分发、数据收集和数据分析等功能模块（特别是更靠近控制层的数据收集端功能模块）则可以放在本地；而质量控制、产品研发、实验室信息管理系统（LIMS）、合规性管理及数据安全管理等其他功能，则可以托管在云上。这样的设计可以确保 MES 的重要组件始终处于运行状态，并且其关键数据在组织内部是可控的。

云上的 MES 会随着工业 4.0 相关技术的发展而快速发展。传统的 MES 企业也会全面云化，以适应当前制造业的生产模式。除了诸如 GE Digital、西门子、Rockwell、Gallop 和 SAP 等全球的 MES 巨头外，国内企业在这个领域也有涉足，传统的企业有宝信软件、金蝶、用友和哥瑞利等，创业公司有新核云和西信信息等，它们都在这个市场里耕耘。

7.4.2 云上的设计软件和仿真软件

设计软件和仿真软件是体现工业软件竞争力的核心软件，它们相当于工业软件皇冠上的明珠。如果说对于 MES 软件而言，国内软件厂商和国际软件厂商差距不大的话，那么在工业设计软件和仿真软件领域，国内厂商和国际厂商则有不小的差距。

设计软件和仿真软件主要指计算机辅助设计和计算机辅助工程（Computer Aided Engineering，CAE）软件。其中，从事 CAD 软件开发的公司主要有法国的达索、德国的西门子、美国的 PTC 和 Autodesk，这 4 家公司总共占据该领域 90% 的市场份额。而在仿真软件方面，美国的 Ansys、Altair 和 MSC Software 几乎垄断了 95% 的市场份额。

作为全球最大的设计软件提供商，Autodesk 从 2009 年就开始尝试 SaaS 化，2015 年宣布从传统软件模式向 SaaS 模式转型，2016 年停止了基于软件授权的销售模式，而全面转向订阅模式。仅仅用了 3 年时间，该公司的 SaaS 业务营收占比提升至 86%，成为继 Adobe 之后传统软件公司转型 SaaS 的标杆。2020 财年，

Autodesk 公司的收入达到 32.74 亿美元，市值超过 460 亿美元，而且其 SaaS 转型以后的股价上涨超过 4 倍。

　　Autodesk 公司的设计软件 AutoCAD 是设计领域的事实标准，主要用于设计工业产品的模型或者建筑模型。随着 AutoCAD 云战略的推进，相关设计工作基本上都可以在云上完成，具有安全和敏捷等优势，也不需要任何维护工作，而且还可以随时更新。其他企业如达索、西门子和 PTC 等也随之进行云转型。工厂的产品设计工程师只需要跟随软件更新的步伐，不断学习软件最新的功能，即可设计出最新的工业产品。

　　CAE 是通过有限元分析（Finite Element Analysis，FEA）和数学近似方法模拟真实的物理系统，并通过既简单而又相互作用的元素（单元），以有限的未知量去逼近无限的未知量的一种软件系统。例如，美国的 Ansys 是全球最主流的有限元分析软件，该软件通过预处理、分析计算和后处理 3 个模块，可以求解结构、流体、电力、电磁场及碰撞等问题，用于航空航天、汽车工业、生物医学、桥梁建筑和电子产品等工业领域。图 7-5 表示使用有限元分析软件模拟飞机飞行的情况。

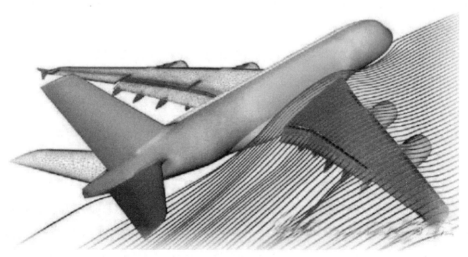

图 7-5　使用有限元分析软件模拟飞机飞行的情况

CAE 等仿真软件还没有全面云化，不过它们也正走在云化的道路上。在 Ansys 2021 R1 这个版本里进一步整合了 Ansys Cloud，提供了基于云按需计算资源的访问方式，包括交互式工作站和高性能计算（High Performance Computing，HPC）集群，而且提供了更快速、高保真的结果以及更优的性能。Ansys Cloud 其实运行在微软的公有云 Microsoft Azure 上，通过 Ansys Cloud 可以在 Azure 上快速进行部署和测试。这些软件需要大量的计算资源，因此和公有云合作，利用云上无限的计算能力搭建高性能计算集群是非常自然的事情。

7.5 总　　结

本章介绍了云上制造业的发展趋势。云计算的思想和理念正在逐渐改变传统制造业，云制造结合云计算、柔性计算和智能制造等理念，逐步推进制造业向定制化和敏捷化方向发展，从而提高企业的生产效率。

随着工业 4.0 的快速发展和"中国制造 2025"的推进，各种技术融合将会成为改变制造业的一个重要推手。工业物联网的全面发展会成为工业制造的巨大推动力，而云计算在这个过程中将会起到非常大的作用。

云化依然会成为工业设计软件和仿真软件发展的趋势。主流设计软件如今已经全面云化，CAE 软件也可以利用云计算的无限计算能力，更快、更高质量地实现对真实世界的仿真。

第 8 章

在云上办公

从 2020 年开始,肆虐全球的新冠疫情让人们的工作和生活方式发生了重大变化,它也让云上办公的需求大幅增长。数字化工作场所并非办公室的数字化,而是全套工作方式的数字化。云计算是构建数字化工作场所的基础,也是未来全新工作模式的开端。

不知道大家有没有发现,发生疫情之后,人们已经开始习惯于在家工作了。人们可以通过在线会议和世界各地的客户或同事进行沟通。在这个背景下,在线通信软件迅速发展,Zoom、Microsoft Teams、腾讯会议、华为WeLink、钉钉和飞书等软件如雨后春笋般出现。通过各种协同软件,人们可以更高效地办公,可以和地球上每个角落里的人连线。记得我在刚创建云角的时候,设定的使命就是"把云带到世界的每一个角落",而在线会议可以帮助我完成这个使命。

随着企业数字化转型的逐步深入,越来越多的企业开始重视数字化工作场所(Digital Workplace)的建设,以提高用户的数字化体验,使用户可以在后疫情时代实现简单、安全、高效的网上办公,不断提高工作效率。

8.1 数字化工作场所

其实数字化工作场所是一个综合性概念。先来看Gartner对数字化工作场所的描述:数字化工作场所提供新的、更有效的工作方式,可提高员工的参与度和灵活性,以及利用面向消费者的风格和技术。其实这是一个非常粗浅的定义。这个概念包罗万象,各种和工作相关的技术和工具等都可以被看作数字化工作场的组成要素。比如Constellation Research副总裁兼首席分析师Dion Hinchcliffe就把数字化工作场所定义为员工用来完成工作的设备、软件和渠道。

从数字化转型的角度来看,数字化工作场所能够通过数字化设备和技术改进员工的工作体验,并激发员工的创造力,从而提高员工的满意度。数字化工作场所正在快速取代传统的物理办公室。疫情只是催生在家办公的一个催化剂而已,而分布式工作场所则是促成办公软件和工具云化的主要原因。例如,只能通过企业内网访问的员工门户网站和工资单网站等无法满足员工随时随地访问的需求。员工对移动端应用的爆发式需求增长使公司需要用SaaS化的软件来替代传统的软件。未来的工作模式一定是混合式的,在家、在办公室甚至在路上都可以工作,而不需要限定物理位置和区域。

面对这种趋势，CIO 或者 CEO 需要重新思考员工的工作模式：如员工的日常工作是如何完成的，敏捷开发团队如何进行远程工作，效率如何；如何通过关键行为和企业文化来满足员工的心理需求；重新思考办公空间的使用，如何让员工去办公室工作变得更有价值；审查员工的行为，如何解决数据的安全性和完整性，如何应对员工在远程工作时面临的挑战等。

要提升数字化工作的体验，可以从 8 个方面来考虑，如图 8-1 所示。

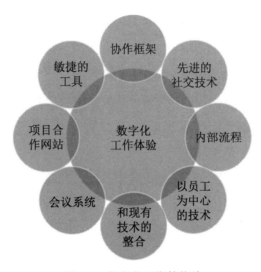

图 8-1　数字化工作的体验

- 协作框架：它是成功的数字化工作场所的必要模块。员工用什么软件和平台合作非常重要，无论是企业微信或钉钉，还是微软的 Microsoft 365，使用现代软件进行即时通信、分享资料、预约会议以及进行在线会议，是保证员工沟通效率和工作效率的关键。
- 先进的社交技术：在数字化时代，使用先进的社交手段进行团队协作和沟通很重要，如公司新闻、讨论组、项目共享网站、反馈渠道、对外宣传的公司账号和社交网站账号等是否保持更新并做到信息统一。
- 内部流程：被一线员工广泛使用的内部流程的执行效率是评估数字化工作

场所是否成功的重要标志。冗长和重复的流程将会严重影响员工的生产效率和满意度。
- **以员工为中心的技术**：企业需要关注各种以员工为中心的技术，以帮助员工更好地实现协作并进行知识分享，从而提高员工的敬业度。类似的软件有前文提到的云上人力资本管理（HCM）系统。
- **和现有技术的整合**：数字化工作场所的应用和技术需要与传统的CRM、ERP和HR软件进行整合，以满足员工的工作需求。
- **会议系统**：邮件、在线聊天和语音电话已经无法完全传达信息。人类99%的信息传递都是通过视觉完成的，因此利用视频会议才能够实现会议的大部分要求，应确保尽可能多地使用视频会议。
- **项目合作网站**：每个团队都需要一个网站来存储各种相关文件和资料，数字化工作场所需要一个基于云的知识共享平台，以保证所有相关员工都可以在一个统一、安全的平台上同时进行协作。
- **敏捷工具**：各种新的工具能不断提高员工的工作效率，满足员工的个性化需求。

看到了吗，其实数字化工作场所和"场所"的关系不大，它主要指的是对数字化方面的要求，而这些对数字化的要求都必须以云为基础才能满足。没有云的加持，数字化工作是完全无法完成的。有时候我们会把Digital Workplace换成Digital Workspace，因为数字化的趋势使得**工作场所**（Workplace）逐渐消失，而转变为**工作空间**（Workspace）。此外，最近改名为Meta的Facebook公司提出的元宇宙，也是数字化工作空间的外延，我们以后可以在虚拟的元宇宙里工作、生活和娱乐，而这一切都离不开云计算和虚拟现实技术的支持。

8.2 与数字化工作场所相关的技术和应用

接下来介绍一些与数字化工作场所相关的技术，它们有些是成熟的技术，已经被广泛使用，有些则还在创新阶段，需要进行市场验证。

1. 云办公

云办公（Cloud Office）是一个非常成熟的技术，它也被称为 New Work Nucleus，即新工作核，是指各种广泛使用的 SaaS 软件集合，包括个人生产力工具、协作工具和通信工具。云办公通常包括电子邮件系统、即时通信软件、文件共享平台、在线会议工具、文档管理和编辑工具，以及搜索、发现及协作平台等。例如，微软的 Microsoft 365 和谷歌的 Google Workspace（之前叫 Google GSuite），就是非常有名的云办公工具，如图 8-2 所示。这些工具已经成为大多数组织协作和通信的基础，而且它们基本上都是使用云的方式进行部署的。由于这些工具运行在云平台上，所以能够充分地利用云的高效率、高敏捷性和高弹性等特点。和传统的工具相比，这些 SaaS 软件集合还可以不断地增加新的应用，以及不断地扩充新的功能等。

图 8-2　微软和谷歌的办公工具

2. 企业社交网络应用

企业社交网络应用（Enterprise Social Networking Application）是用于企业内部的社交网络，具有内部信息共享和发布、员工参与讨论以及支持对话等功能。许多互联网企业和先进的企业，如阿里巴巴和华为，都有其内部的交流平台和社交网络。比如企业微信提供的"同事吧"（见图 8-3），可以通过实名或者匿名的方式进行交流和沟通，这就是一个比较简单的企业社交网络的典型应用。

图 8-3　企业微信"同事吧"

3. 公民开发

公民开发（Citizen Development）是一种全新的开发模式，它是指普通员工为了实现某些特定的功能，利用公司内部的开发工具或平台创建新应用的模式。公民开发是 IT 技术转变和技术民主化趋势的一部分，人人都可以成为程序员，其数字化的灵活性更高。随着零代码开发平台和低代码开发平台在企业中的广泛应用，用户可以非常容易地构建应用和数据服务，这些服务也都是基于云计算和 SaaS 的形式提供的。例如，假如需要在企业内部做一个投票或者接龙的应用，供企业内的所有团队使用，那么就可以在企业内部部署的低代码开发平台上实现。这种技术已经比较成熟，只是在国内企业中的应用还比较有限。

公民开发的成功其实意味着新一代商业应用的全面转型，即从原有的业务部门驱动 IT 部门，IT 部门再外包给供应商的模式，全面转变为业务部门直接驱动应用开发的模式,可以减少中间沟通的巨大成本。在第 5 章中介绍过低代码开发平台,这里再延伸一下。数字化工作场所中的公民开发包括 9 个成功的要素,如图 8-4 所示。

图 8-4　公民开发的成功要素

- 速度:应用开发可以在分钟级或者小时级别的时间内完成,而不是以周或者月来评估。
- 低代码:通过鼠标单击和拖动的方式进行开发,而不是通过编写代码的方式,让普通人也可以编写优秀的应用。
- 专业化:应用不能依赖定制化,而是能随时满足业务的特殊需求。
- 多能力:人们同时使用各种应用,使得程序之间的边界变得越来越模糊。
- 移动化:所有的应用程序都能够直接在移动设备上访问。
- 价格:用户只为需要的功能付费。

- 连接：只需要像按一个按钮那样，就可以把不同的应用程序连接在一起。
- 规模化：应用可以无限扩展，数据集的大小没有限制。
- 平台化：每个标准的应用都具有企业级的安全功能，而且不会发生额外的成本。

4．团队协作设备

团队协作设备是指把计算机、视频会议和音频会议的硬件与数字白板和定制的软件结合起来，为会议创建一个解决方案。例如，Polycom 的音频会议系统八爪鱼、微软的 SurfaceHub（见图 8-5）、思科的 WebEx Board、谷歌的 Jamboard，以及 MaxHub 都是流行的团队协作设备。这些设备都能够和会议白板及云端的内容共享平台进行集成。

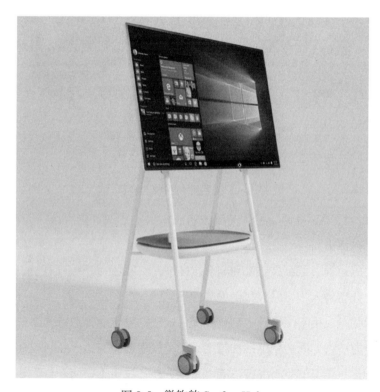

图 8-5　微软的 SurfaceHub

5. 沉浸式工作空间

前面介绍的都是一些比较成熟的技术。还有一些处于早期发展阶段的技术，我们来做一些简单的介绍。

先来看**沉浸式工作空间**（Immersive Workspace）。它是一种协作的工作环境，通过视觉、听觉、触觉和其他感官元素来传达真实世界的存在感。沉浸式工作空间主要采用虚拟现实（Virtual Reality）、增强现实（Augmented Reality）和混合现实（Mixed Reality）等技术来实现，能把多种类型的显示器（包括普通显示器和虚拟现实眼镜等头戴式显示器）交付给用户。其实这就是虚拟现实、增强现实和混合现实技术在在线会议上的应用。例如，Meta（Facebook）的 Oculus、HTCVive 和微软的 HoloLens 2 等都有类似的应用，只不过由于网络传输速度和处理速度的限制，目前还无法给用户提供良好的体验。再如，目前特别火热的"元宇宙"其实就是更大范围的数字化场所。之前有一段时间我从事的是 HoloLens 的开发工作，由于处理器的速度和网络传输的实时性所限，导致渲染效果不佳，无法达到实时开会的效果，但相信未来一定是远程办公的趋势。

谷歌在 2021 年 5 月召开的 I/O 开发者大会上推出了全息 3D 视频聊天平台 Project Starline 系统（见图 8-6）。这个系统采用高分辨率摄像头和深度传感器来搭建实时 3D 模型，然后通过实时数据压缩技术和现有网络来传输大量的数据，最后借助一个大型显示屏来显示真人大小的 3D 图像，从而让视频通话者能够体验面对面讲话的效果。

6. 智能办公空间

再来看**智能办公空间**（Smart Workspace）。它利用物联网的各种设备，提供新的工作方式，从而实现调度资源、信息共享和协作的目的。通过传感器和各种客户端，可以让智能办公空间、移动设备、软件、企业社交图及人工智能协同工作，从而提高工作效率。目前这是大量的数字工作场所努力实现的目标。智能办公空间融入了大量的成熟技术，包括物联网、人工智能、数字标牌、电子白板、室内地图、智能建筑、综合办公场所管理系统平台（IWMS）、远程工作、远程协作、虚拟工作区、运动传感器、可穿戴设备和人脸识别等。例如，员工来到办公场所，通过摄像头进行人脸识别，自动打开门禁并自动分配工位。我曾经为一家知名的企业做过这项服务。

图 8-6　Google 3D 视频会议系统

7. 员工效能监控

最后来看**员工效能监控**（Employee Productivity Monitoring）。它通过自动化手段来监控和分析员工的活动、时间分配、工作地点和工作模式等，以衡量员工的工作效率。例如，亚马逊通过摄像头和传感器分析员工的工作效率，并以此来评估员工的绩效。这种做法事实上还没有被广泛采纳，主要是因为很容易形成一种不良的工作文化，还很有可能变成舆论的焦点。

应用于数字化工作场所的技术还很多，本书只做简单的介绍。国内比较流行的综合性数字化办公产品有阿里的钉钉、腾讯的企业微信和字节跳动的飞书，这三款产品都融合了办公自动化、在线会议、流程管理和知识共享等功能，甚至还融入了 CRM 和 HCM 等专业领域软件的相关功能。随着这些互联网大厂在该领域的大力投入，将会有越来越多的企业习惯使用这类软件进行管理和经营，从而极大地促进国内企业的数字化发展。

8.3 会议解决方案

会议解决方案是数字化工作的核心，它包括传统的音频会议、视频会议和网络峰会等。现在的会议解决方案早已不只是单纯的开会了，还包括对一整套完整的实时协作工具的使用，需要具备团队协同工作、演示、培训、网络研讨和线上直播等功能。参与者可以在任何地方，用任意设备通过网络进行交互。会议需要集成语音、视频、消息和内容并能够进行共享。许多企业的管理者和IT部门开始关注会议解决方案，我在这里也给大家重点介绍一下。

会议解决方案主要有两个截然不同的领域：网络会议和群视频系统。这两个领域如今正在走向融合，并向下面几个方向发展。

- 会议体验：能够和各种协作工具集成，以满足会议参与方开会的需求。
- 自动化：通过自动化技术改进会议前、会议时和会议后的流程。例如，自动订会议室，自动进行录音和降噪，自动生成会议纪要等。
- 基于角色和活动类型的专业会议解决方案：包括在线家教、远程医疗、金融服务和保险索赔等。
- 内容创建和人工智能技术的集成：尤其是云办公软件和会议方案的集成。

会议解决方案可以提供比传统的音频会议桥和视频会议室等更丰富和更灵活的体验与场景。使用会议解决方案的优势如下：

- 实时协作以支持远程工作。
- 提高远程工作者的参与度和可见性。
- 降低商务旅行的风险。
- 支持大规模的远程培训。
- 不需要额外支付音频会议的费用。
- 提供传统的视频会议解决方案的升级路径。
- 在内部协作期间实现更快的决策。
- 不需要亲自拜访客户，可以提高销售效率。

- 提供更好的客户体验，建立更强的信任。
- 扩大招聘范围，加快面试进程。
- 取代更昂贵的大型虚拟活动网络广播（Virtual Events Network Broadcasting）技术。

全球提供会议解决方案的厂商主要有微软的 Teams、Cisco 的 WebEx 和 Zoom 公司的 Zoom，谷歌、Adobe、BlueJeans 和 Avaya 也提供类似的方案。另外，华为 WeLink、腾讯会议、小鱼易连和随锐视频通信云等也提供类似的解决方案。不过正如我之前提到的，会议解决方案如果只是一个独立的系统，那么未来的发展机会不大，而云办公软件提供商，如 Teams、Google Meetings、钉钉和企业微信等，它们提供的集成解决方案反而会对几乎所有的企业会议产生重大的影响。

会议解决方案包括多个功能和特性，Gartner 和 IDC 都对此做过分析和总结。我认为，选择会议系统的关键在于符合企业自身的需求，看企业需要解决什么问题，而不是去选择一个大而全或者一刀切的解决方案。这其实也是云计算的理念：**按需使用和按需付费**。

会议解决方案需要具备的主要功能和特性如图 8-7 所示。

安全性：包括云基础设施、网络和应用。在线会议尤其是视频会议对云基础设施、网络安全和应用程序的安全都有非常具体的要求。例如，满足各种数据安全的标准，支持单点登录和预防分布式拒绝服务（DDoS）等，以保证会议内容和访问的安全性。应用程序的安全性包括拒绝无关人员加入、控制内容共享、控制屏幕共享和操作的权限、控制白板功能等。

协作工具的集成：企业内部使用企业微信、Slack 或者 Yammer 进行通信，而会议解决方案能否把这些工具与自身系统进行集成则成为功能评估的关键，例如是否需要直接通过 Skype 软件拨打电话等。

报表和管理控制：指对会议各方面进行管理的能力，包括会议持续的时间、使用的设备以及音视频和共享内容的管理，各设备和网络连接是否正常，是否有故障和无法连接的情况等。

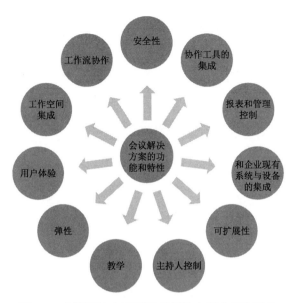

图 8-7　会议解决方案需要具备的主要功能和特性

和企业现有系统与设备的集成：企业可能以前采购了统一的通信平台（UC），比如 Polycom 的八爪鱼或者 Avaya 的设备，或者已经购买了 Cisco WebEx 的服务，这些设备和服务能否与新的会议系统集成也是企业需要重点考虑的问题。

可扩展性：指和聊天机器人、现有企业的 CRM 或者 ERP 等对接，通过 API 的方式和各种可能出现的新系统对接，从而不断地扩展会议解决方案的功能。

主持人控制：包括允许特定的人成为领导或者主持人，可以管理和跟进听众的问题并进行回答，可以管理共享的内容和录音等。

教学：例如，监控学生在学习过程中注意力是否集中，对不同的参与者进行分组，对学生进行测试并记录和跟踪测试结果等。这些是典型的特定行业的会议需要的功能，并不是所有企业都需要的功能。

弹性：和所有的公有云一样，弹性也是衡量会议系统功能如何的重要标志。从一对多的小规模会议，到同时上万人在线的直播，会议系统最大的挑战来自网络压力，它是成本投入最高的部分。许多会议系统会限制最多参会人数和会议长度。例如，腾讯会议在不超过 25 人，时间不超过 45 分钟的情况下是免费的，超过这个标准以后则开始收费。Zoom 也是在不超过 100 人，时间不超过 40 分钟是免费的，之后开始收费。

用户体验：例如视频的质量是否支持 1080P 或者 4K，是否支持美颜效果，是否支持表情，是否支持模糊或自定义背景，是否抗噪，是否能满足残疾人的需求等。

工作空间集成：指对各种设备的集成，例如把各种录音和录像设备、手写笔和白板等集成在一起作为统一的产品。例如，微软的 Surface Hub 就是一个工作空间集成的典型例子。

工作流协作：支持实时语音和视频，通过会计解决方案可以构建一个工作区，帮助团队发起、组织和完成工作。工作流协作的核心功能包括消息持久化，点对点聊天、群组聊天报警、通知，以及内容的搜索、归档和共享等。

以上 11 个方面是会议解决方案需要具备的主要功能和特性，当然这并不是其全部功能和特性。随着线上会议越来越普遍，一定会有更多的功能和特性被融入企业会议解决方案中。例如，AWS 每年的技术大会和微软的合作伙伴会议 Inspire，都需要支持在全球范围内上万人同时在线和直播，同时辅以几千场小规模交流分享会。这都需要强大的会议系统作为支撑，再配合定制化软件，会对企业的市场推广、渠道管理和客户培养等工作有很大的帮助。

最后我们要注意区分视频云和会议解决方案。在云计算行业里，视频云主要指在公有云或混合云平台上对视频进行处理的相关产品和服务，包括音视频直播和点播，以及音视频编码和解码等，它们也被叫作媒体服务。少数云平台会把音视频传输等功能放在视频云的框架里，更综合的公有云平台还提供诸如实况视频的人工智能分析、内容保护和视频索引等强大功能，因此和会议解决方案完全不是一回事，希望大家不要混淆。

8.4 总　　结

数字化工作场所将会是未来混合工作模式的核心需求之一，它不是指一个场所，而是指整合了一整套软硬件技术的解决方案。未来，通过网络在云上工作也许会成为"新常态"。数字化工作场所包括大量的新技术，如云办公、企业社交网络和公民开发等，其中最核心的是会议解决方案。以后我们将会越来越多地依赖云上的会议系统和同事、客户及合作伙伴进行协作与分享，从而共同实现工作目标。

未来数字化工作场所和每个人都会息息相关，用好数字化工具将会大大提高人们的工作效率，从而为企业和行业创造更高的价值。

第 9 章

云上的供应链管理

  供应链是现代商业不可或缺的重要组成部分。本章将介绍云上的供应链管理,以及用区块链技术赋能供应链金融的几种模式和机器学习基础知识,从而帮助企业在这个瞬息万变的时代提高供应链管理的效率。

从更宏观的角度讲，前面章节介绍的云上的制造业管理也是供应链管理的一部分。供应链的概念是从生产制造的概念扩充发展而来的，它将企业的生产活动进行了前伸和后延。从配套零件开始，到制成中间品及最终产品，最后通过销售网络把产品送到消费者手中，将供应商、制造商、分销商和最终的用户连接起来形成一个完整的网络结构。

供应链管理（Supply Chain Management，SCM）是指在满足一定的客户服务水平的条件下，为了把整个供应链系统的成本控制到最小，而把供应商、制造商、仓库、配送中心和渠道商等有效地组织在一起，进行产品的制造、转运、分销及销售的管理过程。供应链管理包括计划、采购、制造、配送和退货 5 个方面。

下面就来谈谈供应链管理能解决什么问题，以及云上的供应链管理又有什么新进展和新技术。

9.1　供应链管理概述

在全球一体化发展的大背景下，供应链管理是当今企业经营中非常核心的问题，它关系到企业经营的各个方面。供应链管理能够从全面的视角观察企业的销售、采购、生产制造、物流配送和退货等流程，从而计算出全局的最优方案。供应链系统是一个非常复杂的系统。苹果的 CEO Tim Cook 就是著名的供应链管理专家，在 Steve Jobs 时期他就作为 COO 帮助苹果打造了全球最有效率的供应链系统，从而被福布斯誉为供应链宗师（Supply Chain Guru）。

在暴发新冠疫情之后，全球的供应链遭受了巨大的压力。海外工厂由于受疫情的冲击而无法正常生产，全球的港口由于无法把货物从集装箱上卸下而导致集装箱紧缺……这都给全球现有的供应链管理带来巨大的挑战。在这个背景下，更敏捷和更快速的云上供应链管理成为一个必然的选择，而且也是未来一个必然的趋势。

传统的供应链管理主要解决 7 个方面的问题，如图 9-1 所示。

第9章 云上的供应链管理

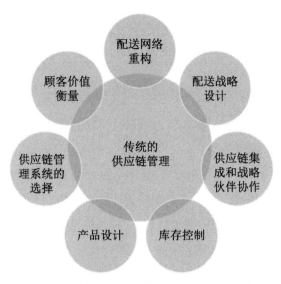

图 9-1 传统的供应链管理需要解决的问题

- 配送网络重构:配送网络是指将从不同的制造工厂中生产的产品先配送给仓库,然后再配送给渠道,最终配送到消费者手中的网络。不同的配送路径会对成本产生较大的影响,尤其是那种需要确保配送时间的任务。例如京东的"京准达"和"当日达"等,可在全国特定的城市里实现快速的配送,这需要全面的物流网络的支持,其成本自然就高。
- 配送战略设计:是指使用直接转运模式还是使用中央仓库模式加本地配送站模式,这和产品本身的属性相关。大型设备和生鲜水果的配送战略设计显然是不同的。例如,这两年比较热门的"社区团购"其实是把社区店延伸成为供应链网络的一部分,是一种创新的配送战略。
- 供应链集成和战略伙伴协作:由于供应链管理最关键的问题是信息共享和信息安全,供应链上的各供应商和渠道方是否愿意共享,以及各方是否会形成竞争,这是设计供应链时需要考虑和解决的问题。
- 库存控制:库存周转率会影响配送的效率和成本,太高和太低的库存周转率都会引发问题。供应链管理需要考虑相应的计划和订购时间点等,以预测下订单的时间和数量。

- 产品设计：有效的产品设计在供应链管理中起着关键的作用。产品设计会减少物流成本或缩短供应链的周期，同时还可以解决顾客需求的不确定性等问题。
- 供应链管理系统的选择：需要重点考虑供应链管理系统能否聚合各种信息，能否通过云计算、大数据、人工智能和区块链等技术进一步提高供应链的效率，以及能否获得竞争优势等问题。
- 顾客价值衡量：如何衡量顾客价值尤其是顾客生命周期价值（Customer Lifetime Value，CLV），从而帮助企业选择最有价值的顾客，这也是供应链管理需要解决的问题。例如，京东的 Plus 会员和亚马逊的 Prime 会员的价值评估与比较，招商银行的私人银行客户、金葵花卡客户和普通客户的分析与比较，以及 2B 企业对头部客户和长尾客户的分析与评估，都会促进企业经营效率的提升。

按照印度 ICFAI 商学院副院长兼教授潘克贾伊·马达尼（Pankjai Madhani）的说法，我们可以使用 4R[一]的维度来评估供应链的效率和优势，它们分别是响应能力（Responsiveness）、弹性（Resilience）、可靠性（Reliability）及调整性（Realignment）。响应能力是指企业能够成功、有效地改变现状，应对短期市场的变化；弹性是指企业有能力在维持现有业务运营的同时，及时预测和适应市场的长期变化；可靠性是指企业可以保障供应链在出现变化和不确定性的情况下能够继续运行；动态调整是指企业能够根据供应链的变化而不断调整供应模式，例如新冠疫情暴发后企业对供应链的调整等。

我们可以看到，对供应链效率和优势的评估与对云计算效率和优势的评估几乎一模一样，这意味着新的供应链体系必然会迁移到云计算平台上。接下来我们聊聊云上的供应链管理。

[一] Building Customer-Focused Supply Chain Strategy with 4R Model, Pankaj M. Madhani, 2018, Contemporary Management Research。

9.2 云上的供应链管理概述

供应链管理最关键的一点是信息共享。自从云计算出现以后,各种以 SaaS 形式交付给客户的供应链管理应用软件和平台正在彻底改变着现有的供应链和企业的运营模式。当前供应链管理需要解决的重点问题包括提高供应商的质量,进一步进行准确的预测,缩短制造周期,提高运营效率等。云上的供应链管理软件拥有云计算的敏捷性、弹性和高可用性等特点,正在成为越来越多企业的选择,它们的主要功能集中在采购、供应链执行和供应链计划上。

根据 Gartner 的分析,2019 年云 SCM 的增长率是传统 SCM 增长率的 2 倍,达到了 20%。而 IDG 的报告也指出,在两到三年内,物流仓储、供应链计划、全球贸易和产品生命周期管理将会越来越多地应用于云上的供应链管理解决方案上。基于云的发展速度和规模,企业可以进一步升级供应链管理的能力。例如,云上的供应链管理可以从如图 9-2 所示的几个方面进行。

图 9-2 提高和改善云上的供应链管理

- 衡量完美订单的绩效:完美订单是指订单得到了完美的履行,在完成整个订单的过程中,每一步作业都严格按照对顾客的承诺来执行,毫无差错。因此完美订单可以作为企业零缺陷物流承诺的指标。随着订单复杂性的增加和全球化布局的推进，维护这些数据的挑战只能通过云上的供应链管理软件来实现。

- 实时进行供应链质量管理：通过云上的系统集成，可以提供实时的进货质量检验，以确保物料清单（BOM）中包含高质量的组件和原材料。通过产品质量报告，以及对生产中心、产品和客户的服务进行跟踪来降低成本，从而提高客户的满意度。云上的 SCM 的另外一个好处是可以实时监控和跟踪供应链中的任何环节，从而确保所有原材料、在制品和成品的质量。

- 改善制造周期：基于云的业务分析和智能制造能够缩短产品的制造周期时间（Manufacturing Cycle Time，MCT），即从订单开始到制造产品，再到将产品存储在库存中的时间。通过云可以快速收集全球多点跨国仓储系统的信息，了解产品制造延迟发生的时间和地点，并对这些信息进行分析，然后形成有价值的见解，最终影响财务结果。

- 自动生成全球范围内的合规报告：不同国家和行业都有相应的生产和物流合规报告，例如：美国食品药品监督管理局（FDA）要求每种药品都有生产记录，符合生产规范和标准；此外，欧洲各国和印度也有相应的标准和要求；我国也有相关的法律规定和要求。在云 SCM 下，这些要求能够自动满足，而不需要企业浪费时间来关注。

- 实时跟踪和实时可见：通过云 SCM，不仅能够对供应链质量进行跟踪和监控，还可以对物流、生产和退货流程进行实时监控并获取监控报告。例如，客户在天猫平台上购买了一件商品，就可以通过天猫平台了解快递公司配送的产品当前所在的位置，以及预计派送的时间等。这一般是通过云计算实现的。

- 可扩展性：云 SCM 对外提供的 API 可以和前文提到的 ERP、MES、HCM 和 CRM 进行集成，融合各方的系统，从而实现更高效的数据共享和协作，保证事务的准确性以及数据的精确性和实时性。

- 提高供应链的性能：基于云的仓库管理系统（Warehouse Management System，WMS）可以通过优化仓库的位置，以方便管理人员了解订单管理和生产计划的详情，从而管理整个供应链的库存，让生产中心的库存计划和管理更加有效。

- 缩短订单周期：通过单一系统可以实现定价、报价和客户自动确认等功能，从而缩短订单周期。错误或者不完整的订单也会带来产品的质量问题。定价、报价、产品配置和交货说明中的错误都会引发问题，从而导致订单处理效率的下降。云上的应用程序能够显著的改善这一点，顾客的满意度会随着订单的准确率提高而提高，还能缩短应收账款的天数（Days Sales Outstanding，DSO）。

- 提高新产品引入的成功率：云上的应用可以帮助企业在同一平台上进行产品开发、工程管理、供应链管理以及生产计划管理，在全球范围内实现供应链的各种功能，从而提高新产品引进的成功率。

- 提高设备的综合使用效率：通过云计算平台可以评估生产设备和工具的使用状况，并衡量生产线、团队和生产中心的效率。通过云平台还可以方便地收集和分析设备的综合效率（Overall Equipment Effectiveness，OEE），优化生产设备和工具。例如，沈阳机床厂和智能云科进行合作，通过传感器对机床数据进行收集，再传到后台物联网上进行分析，从而优化了生产设备，提高了整个生产供应链的效率。

- 解决供应链中断问题：近两年，由于疫情，航空业遭受重创，国际物流中断，导致大量的供应链中断。云的分析能力能够支持在供应链中断的情况下迅速构建本地供应链体系，重新优化生产流程，从而确保业务的正常开展。

当然，上面所说的提高和改善的方面只是云供应链的一部分，随着云平台上供应链软件的不断优化，一定还会开发出更多的功能。接下来从 IT 和通用的角度讲讲云供应链管理给企业带来的优势。

- 快速实施和部署：和所有的 SaaS 产品一样，云 SCM 同样拥有快速实施和部署的优势。企业不需要做 IT 基础设施建设和定制化工作，而只需要直接在云上注册后进行使用就可以。企业可以根据自身的实际情况，要求云 SCM 供应商针对行业和企业的实际情况定制相应的功能。

- 节约成本：成本分为两部分，一部分是传统的硬件和软件的固定资产投资，另外一部分是专业的 IT 运维成本。将系统转移到云上以后，这些成本都可以节省下来，企业只需要花费一些变成订阅费用即可。

- 改善用户体验：这里的用户主要指使用云 SCM 系统的员工和管理者。云上的系统不需要企业内网，这些系统在全球范围内都有相应的部署，并且能够和手机及邮箱等进行集成，这比传统企业的 SCM 便利许多。
- 能够不断地使用新技术：云 SCM 提供商大多是软件巨头或者行业引领者。它们能够不断地开发新技术，并丰富产品的功能。例如，使用人工智能技术预测产能，智能拟定生产计划，以及通过区块链技术保证产品生产过程的可追溯性等。
- 实现更高的安全性：前文说过，无论是公有云，还是运行在公有云上的 SaaS 软件，它们都要符合 IT 基础设施和数据的相关标准与规范，比企业内部运行的系统更加安全。

当然，许多企业对于使用云上的 SCM 系统还有一些顾虑。例如，数据是否会被公有云计算厂商窃取，控制力是否会降低，系统的可用性和可访问性是否会变差，数据的一致性、实时性和准确性是否会降低等，这些都会成为供应链管理者或者生产人员顾虑的因素。相信随着云上的 SCM 系统的发展，它们将会得到更广泛的应用。

云上的供应链管理软件的最大提供商是 SAP，其次是 Oracle 的 SCM，此外还有 JDA、Infor 和 Manhattan 等。由于电子商务在国内的快速发展，阿里巴巴和京东等电子商务公司也自行研发供应链系统；一些制造企业会使用诸如金蝶和用友公司的供应链管理软件，只是这些软件和国际大厂商所提供的软件还有一定差距。

9.3　云上的供应链管理新技术

IBM 公司也是供应链管理领域的巨擘，其归纳了对当前供应链变化的一些思考（见图9-3）⊖，我觉得非常有价值，在这里跟大家分享一下。

- 智能工作流程：供应链的领导者们正在重塑流程，使之充满活力，响应迅速且相互关联。
- 人工智能：使用人工智能技术让供应链的决策更迅速。
- 物联网：构建物联网可以让我们更好地了解产品的实时状态并快速行动。
- 区块链：通过区块链技术可以在跨企业的网络环境中构建信任度和透明度。
- 智能订单管理：通过进行全面的智能订单管理，可以保持业务的连续性；通过不断地进行成本优化，可以满足客户的需求。

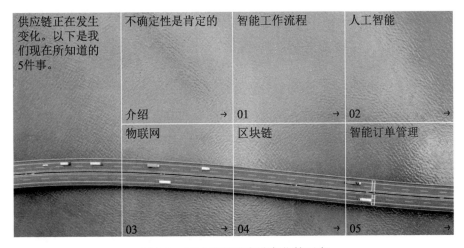

图9-3　IBM关于供应链变化的思考

IBM提到的五点和云计算息息相关。我也提到过，由于供应链管理软件在云上，其相比于传统的供应链管理系统更有优势。接下来介绍区块链在供应链金融中的应用，以及机器学习的相关内容，帮助大家理解如何在供应链管理中应用这些新技术，从而进一步优化企业的供应链管理。

⊖ Supply chains are changing. Here are 5 things we know now, https://www.ibm.com/watson/supply-chain/resources/five-things-we-know-about-supply-chains/。

9.3.1 区块链和供应链金融

简单地说，供应链金融是指银行把某个企业及其上下游企业联系在一起并为它们提供灵活使用金融产品和服务的一种融资模式，即把资金作为供应链的一个溶剂，增加其流动性。供应链金融主要以应收账款融资、库存融资及预付款融资模式为主。

一般来说，一个特定商品的供应链从原材料采购到制作成产品，再到最后由销售网络把产品送到消费者手中，在这个过程中，供应商、制造商、分销商、零售商和最终的用户被连成一个整体。在这个供应链中，竞争力较强、规模较大的核心企业因其强势地位，往往在交货、价格和账期等贸易条件等方面对上下游配套企业要求比较苛刻，从而会给这些企业造成巨大的压力。而上下游配套企业大多数恰恰是中小企业，这些企业一般难以从银行融资，致使其资金链十分紧张，从而导致整个供应链失衡。供应链金融能够整合物流、资金流、信息流和商务流，可以提高整个市场的流通效率，从而提升供应链的竞争能力。

区块链本质上是一种分布式数据库，它通过哈希链表的方式存储数据，具有去中心化、不可篡改、全程留痕、可以追溯、集体维护、公开和透明等特点。区块链最初是比特币的基础技术。2008年11月，中本聪发布了一篇论文《比特币：一种点对点的电子现金系统》，该论文阐述了基于P2P网络技术、加密技术、时间戳技术和区块链技术等关于电子现金系统的构架理念，标志着区块链和比特币的诞生。

区块链的数据结构如图9-4所示。如果你学习过计算机数据结构的相关知识，那么对这种链表结构一定不会陌生，只不过这个链表增加了对上一个块的哈希值，从而使得每个块不能被随意篡改，因此叫作区块链。

区块链一直在不断地发展，甚至被认为是下一代互联网的基础。除了比特币，如智能合约等常见的区块链应用也逐步被应用于供应链管理尤其是供应链金融领域。通过区块链技术可以降低物流成本，追溯物品的生产和运送过程，并且可以提高供应链管理的效率。

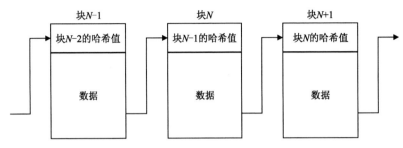

图 9-4 区块链的数据结构示意

区块链通过哈希链表节点连接的散状结构，能够在整个网络中实现信息的全面传递，并检验信息的准确度，可以提高交易的便利性和智能化。通过区块链的信任机制和信用机制，可以双重提高交易的安全性，从而保障交易物流的可追溯性。区块链能够被广泛地应用于供应链金融的各方，包括中小企业、金融机构和核心企业，可以降低各方之间的信用成本。

具体而言，把区块链应用于供应链金融主要有以下 4 种模式：

- 基于实物资产数字化的采购融资模式：例如，从某个实物资产进入仓库开始，通过锁定、质押、解质押、出库和退货等流程全面和区块链上的信息进行匹配，这样金融机构的工作人员就能够全面掌握实物资产的状态。由于区块链具有不可篡改的特点，因此能够让多方控制仓库资产的状态，从而实现更灵活的融资模式。
- 基于核心企业信用的应付账款"拆转融"模式：这是比较成熟的应用场景，在整个供应链上把核心企业和中小企业的应付账款形成不可篡改的区块链数字凭证，在系统内部按照规则签发，实现确权、持有、拆分、流转、融资和溯源等功能，以满足系统对接、供应商推荐、融资申请、审核放款以及到期扣款等各阶段的需求。
- 基于多而分散的中小微企业再融资模式：指把不同类型的资产同步到区块链上后形成相应的数字资产，然后筛选资产包，审计资产，再进行资产的发行和销售。在二级流通环节实现对底层资产的追踪与展示，能够反应中小微企业的经营状况、还款情况和业务信息。银行能够动态调整资产价格，监管机构能够针对底层资产进行穿透式管理，从而降低人工参与度和错误率，提高现金管理的效率。

- 基于历史数据和采购招标的订单融资模式：针对供应商采用赊销方式的销售模式，使用订单融资模式可以解决供应商的现金流问题。把中标通知书或其他可以证明订单的信息加入区块链可以解决项目真实性问题，包括中标金额和交付周期等，从而帮助金融机构实现中标企业的授信，另外还可以分析区块链上不可篡改的历史信息，以帮助银行判断企业的经营情况，并以此作为授信的依据。

综上所述，区块链是一种云原生技术，利用其分布式、去中心化和不可篡改等特点，能够帮助供应链进一步提高效率，并促进供应链金融的发展。当然，如今这项技术针对实物资产的应用还具有一定的挑战性，主要是因为实物资产和数字资产之间的关联还不能做到完全不被篡改。相信随着物联网技术的发展，当实体世界和数字世界完全融合之后，这项技术将会得到更加广泛的应用。

9.3.2 机器学习概述

机器学习（Machine Learning，ML）是人工智能的核心技术，专门研究计算机怎样模拟或实现人类的学习行为，以获取新知识和技能，重新组织已有的知识使之不断改善自身的性能。机器学习可以应用于专家系统、自动推理、自然语言理解、模式识别、计算机视觉和智能机器人等领域。例如，谷歌公司的 AlphaGo 和 OpenAI 公司的 GPT-3 都是机器学习的重要应用。

自动机器学习（AutoML）是指通过将机器学习中的一些通用步骤自动化，来简化机器学习生成模型的过程。它能够帮助数据科学家、开发人员和业务分析师在云上快速设计、训练和部署机器学习模型，从而解决实际场景中的问题。例如，Amazon SageMaker 就是一个典型的 AutoML 平台，可以将其应用于不同的领域。自动机器学习能够自动执行的通用步骤主要包括数据源预处理、数据特征工程分析、模型训练与定制、超参数优化、模型部署、系统管理与监控、结果评估与更新。

这些是数据科学家在进行机器学习模型训练时最耗费时间的部分。

在供应链管理领域，机器学习正在发挥着越来越重要的作用。通过算法能够提高供应链效率的地方有风险评估、订单履行、库存管理、车队管理、采购流程优化、最后一公里交付、产能规划、购物车分析和需求预测等。例如：

- 通过机器学习的相关算法优化物流资源的调配，并使用不同的运输渠道、无人驾驶汽车和快递保管箱等全新的技术和工具，提高物流效率。
- 通过各种传感器、5G网络、智能运输系统和大量的交通数据，提高供应链的效率，还可以寻找新的模式，以延长机械、发动机、运输和仓库设备等供应链中重要资产的生命周期。
- 分析各类App的运营数据，通过历史数据模型对未来需求进行预测，提高需求预测的准确性。
- 协同供应链网络，减少运输成本，改善供应商交货执行流程，最大限度地降低供应商的风险。
- 利用多个数据源所提供的数据迅速找出类似模式，从而有效地对物流枢纽进行入站质量检查，并隔离受损的运输货物。
- 自动学习并评估供应商的质量水平，为每个供应商建立追踪数据的层次结构，提高供应商的质量管理水平和合规水平。

当前，亚马逊、京东、饿了么和美团等公司都在大量使用机器学习算法来优化供应链体系。例如，在高峰时间段对货车、专车和送餐员进行调度时就使用了机器学习的各种算法。外卖配送公司可以把GPS和运动数据录入机器学习系统，然后根据历史数据预测外卖交付的时间和交付食物的温度，最终生成最优的送餐路线。

送餐路线的选择看上去很简单，但其实是一个非常复杂的问题。90年前著名的奥地利数学家卡尔·门格尔（Carl Menger）提出了"旅行商问题"（Travelling Salesman Problem，TSP）。这个问题说的是，如果给定一系列城市和每个城市之间的距离，需要求出访问每个城市一次并回到起始城市的最短路径。如图9-5所示为四个城市间的对称旅行商问题。A、B、C、D是4个城市，它们之间的距离由连接各城市的线段上的数字表示。现在问：如果从 A 城市出发，是否有一条最短的路径，能够只访问每个城市一次且最后要回到 A 城市？

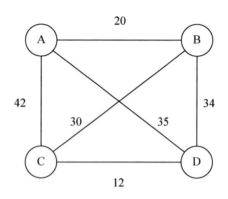

图 9-5　四个城市间的对称旅行商问题

　　当然，如图 9-5 所示的情况是比较简单的。而对于任意城市和任意地图而言，这个问题就非常复杂。至今旅行商问题也没有一个最优解，毕竟这个问题在计算复杂性理论中是一个非多项式困难问题（NP-Hardness），其复杂性随着城市的增加呈指数级增长。如果需要在有限的时间内解决这种问题，则只能通过近似算法获得答案，这就必须要通过机器学习的相关算法才能不断优化而实现。

　　再举个例子，海运之所以在全球贸易中占据 90% 的物流份额，是因为它的费用最低。据相关资料显示，2017 年全球海运因为等待时间而损失了 180 亿美元（见图 9-6）。因此所有的海运公司都有很大的动力来优化运输路线，以减少在繁忙港口的等待时间。我们可以通过分析所有港口的数据，以了解所有船只在港口外游荡和下锚的时间，从而获得优化的路线和时间表。这种供应链的优化只能通过机器学习的相关算法而实现。有一家公司就使用了 scikit-learn 的随机森林分类器（Random Forest Classifier）算法，成功地计算出了相关结果㊀。现今这种算法比

㊀ https://towardsdatascience.com/creating-sea-routes-from-the-sea-of-ais-data-30bc68d8530e, Alexei Novikov, 2019/05/15。

较通用,成为所有云计算机器学习平台上的标准算法。

理论上,机器学习尤其是自动机器学习能够被用于供应链管理的方方面面,并且其有效的应用场景还在不断地增加中。只要能够获取足够多的数据,就能够在数据中找到适用的模式来优化供应链管理。这是云计算给供应链管理带来的巨大优势。

图 9-6　在比利时和荷兰的港口附近下锚和游荡的船只

9.4　总　　结

本章介绍了供应链管理的基本概念。云上的供应链管理和传统的供应链管理相比具有诸多优势。按照 Gartner 的分析,云上的供应链管理软件将会成为主流,由于云具有连接性、扩展性和便利性等特点，加之云供应链的优势在于信息流的共享，因此云上的供应链管理软件更有竞争优势，它将会成为大量企业的选择，在供应商管理、订单管理、生产管理和物流管理等企业经营的全领域为企业提供全面的支持。

随着区块链和机器学习技术的迅猛发展，它们也被应用于诸如供应链金融等相关领域。相信未来还会有更多的应用场景出现，让供应链变得更智能、更高效。

第 10 章

云原生和敏捷创新的数字化企业

云计算其实是一种思维和方法论,可以将其用于公司的运营和管理。本章将介绍云原生和数字化转型的相关知识,并介绍如何用云计算的理念来管理公司,从而使企业对市场的反应更加敏捷和高效。

云原生是最近几年比较热门的一个概念，在资本圈和技术圈中被广泛地提及。关于云原生这个词，最早是由当时还在 Pivotal 的 Matt Stine 在 2013 年提出来的。2015 年，这位技术"大神"出版了 *Migrating to Cloud-Native Application Architectures*（《迁移到云原生应用架构》）一书，其中描述了云原生的应用架构：

- 应用的十二因子：云原生应用的架构模式集合。
- 微服务：独立部署服务，只做好一件事。
- 自服务的敏捷基础设施：快速、可重复以及提供一致的应用环境和服务平台。
- 基于 API 的协作：允许云原生应用架构服务通过发布的和带版本的 API 进行交互。
- 反脆弱性：在高流量压力下系统变得更加强大。

2015 年，云原生计算基金会（Cloud Native Computing Foundation，CNCF）成立，其对云原生的概念给出了官方定义：

云原生技术有利于各组织在公有云、私有云和混合云等新型动态环境中，构建和运行可弹性扩展的应用。云原生的代表技术包括**容器**、**服务网格**、**微服务**、**不可变基础设施**和**声明式 API**。这些技术能够构建容错性好、易于管理和便于观察的松耦合系统。结合可靠的自动化手段，云原生技术使工程师能够轻松地对系统作出频繁和可预测的重大变更。

在谷歌把自己的内部项目 Kubernetes（K8s）开源贡献给了 CNCF 之后，全球大量的企业逐步开始使用以容器为基础的微服务应用架构（见图 10-1）。通过 K8s 进行容器编排，让云原生的概念快速深入人心。这也成为技术界和投资界的新潮流，提到新项目的时候必谈"原生"，如数据原生和安全原生等。

微软在 *Architecting Cloud Native .NET Applications for Azure*[一]（《为 Azure 构建云原生的 .NET 应用程序》）里为云原生提出了一个更加偏向业务角度的解释：

云原生就是改变您构建关键业务系统的想法。

一 https://docs.microsoft.com/en-us/dotnet/architecture/cloud-native/

云原生系统旨在拥抱快速变化、大规模和弹性。

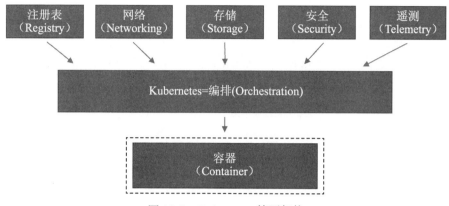

图 10-1 Kubernetes 简要架构

随着市场的不断变化，用户对产品和应用的需求越来越大。从技术角度而言，云原生系统需要提供快速响应、创新的功能和满足零停机时间的要求。业务能力需要通过技术能力转化为战略转型和市场竞争的武器。在这种背景下，关于速度和效率的云原生概念孕育而生。速度和效率显然不能只是技术部门的专属，而应该成为整个企业文化的核心。

和云原生一样，企业数字化转型也是一个非常宽泛的概念，关于效率、速度、创新及技能提高等话题层出不穷。在我的理解中，云原生和数字化转型的目标其实是一致的，都是为了提高敏捷性和速度，全面重构现有对象的组织形式和架构。通过云原生的一些概念和思想，对数字化转型进行理解也是顺理成章的事情。二者唯一的区别是，云原生面向的对象是应用程序架构，而企业的数字化转型面向的对象是企业的不同部门、团队及企业本身，核心是企业中人的组织形式。

本章先讨论一下云原生和数字化转型，然后分享我对用云计算的理念来管理数字化公司的一些思考。

10.1 云原生和数字化转型

10.1.1 不可变基础设施对比业务平台

一般而言，我们把云原生的不可变基础设施定义为快速、可重复以及提供一致的应用环境和服务的平台。这个平台一般运行在公有云、私有云或者混合云上。所有的公有云都可以快速地提供虚拟化的环境或者服务，如提供计算和存储等相关的资源服务。这种服务和传统的 IT 环境相比具有高可用性、弹性和可以快速扩展等特点。高可用性表现在当基础设施中的某些局部组件出现问题时，不会影响服务的提供。例如，某个虚拟机或者容器出现故障时，由于基础设施存在冗余，因此对用户的服务不会造成影响。弹性表现在当用户的访问量急剧增加时，基础设施会快速进行弹性扩充，以满足外部的需求。这是云原生基础设施最典型的两个特点，应用无论是运行在亚马逊的 AWS 或微软的 Azure 上，还是运行在阿里云或 Kubernetes 上，或者是运行在 OpenShift 的容器集群上，都需要满足这两个特点。

在 IT 技术领域企业要进行数字化转型需要满足这两个特点，那么在商业领域企业要进行数字化转型是不是也需要满足这两个特点呢？答案显然是肯定的。要在现代化的商业环境中生存，进行数字化转型的企业需要选择合适的业务平台。这个业务平台也需要满足高可用性和弹性的特点，只有这样，企业才能敏捷、快速地响应客户不断变化的需求。这就意味着这个企业选择的平台必须以客户为中心。而这个选择其实是非常困难的，企业需要努力构建一个以客户为中心的平台，把客户留在这个平台上，并不断地为客户持续提供现有的价值，并且在客户的需求变化时创造新的价值。这是企业数字化转型成功的基石。

因此，大量的数字化转型企业已开始构建平台化战略，它们积极打造自身的各种业务平台、数据中台或者服务后台等，努力加强核心业务的竞争优势，确定战略目标，通过大数据、人工智能、区块链和 5G 网络等先进技术，打造一个强大的生态系统来支持企业不断地发展。

例如，海尔公司在经历了过去的名牌战略、多元化战略、国际化战略、全球化品牌战略和网络化战略之后，进入生态品牌战略阶段，如图10-2所示。这个战略就是以构建全面的物联网生态品牌的平台为核心，通过海尔"人单合一"的模式，让封闭的企业变成面向全球开放的平台，以获得用户的个性化需求，从而让每一个自主经营体在这个平台上都能为客户提供最有竞争力的解决方案。

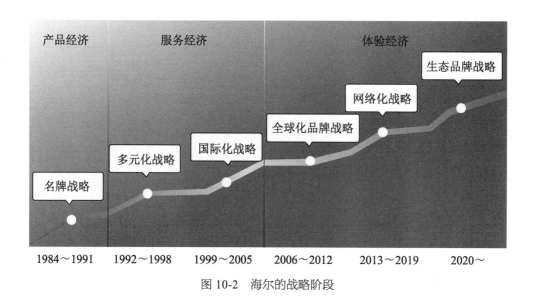

图10-2　海尔的战略阶段

这个商业模式可以说是非常典型的云原生模式。在该模式下，各个小的个体通过业务平台对外提供服务。关于个体方面的内容，接下来会在容器相关的内容中进行介绍。这里最关键的要点是，企业构建一个强有力的业务平台，它能够支撑个体或者小的团队在这个平台上持续对外提供价值。

通过平台可以实现差异化的竞争优势，对传统业务和新业务能够持续提供规模、速度和范围方面的帮助。在规模上实现平台的指数型增长；在速度上不断优化基础架构，提高专业技能；在范围上将战略从专业化向广泛化转型。

根据IBM商业价值研究院的分析，数字平台企业的年度总收入占全球GDP的比重越来越高，这就意味着平台化的企业在全球商业中的影响力越来越大。全球排名前 20 的数字平台企业的年度总收入和全球 GDP 的比较如图 10-3 所示。构建企业的数字化平台是进行数字化转型的第一步。

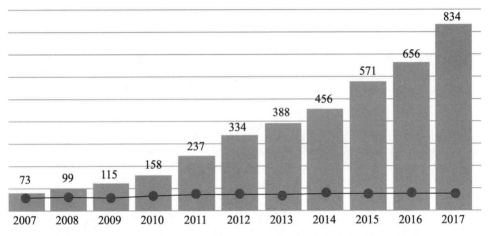

图 10-3　全球排名前 20 的数字平台企业的年度总收入与全球 GDP 的比较
（来源：IBM 对公开可用的金融和经济数据之分析）

10.1.2　容器编排对比团队管理

传统企业使用的是科层制，而云原生的亚马逊公司推崇的是**"两个比萨团队"**（Two Pizza Team），这个区别有点像传统的 IT 架构和云原生架构的区别。在讨论这个问题之前，我先给大家介绍一个关于牲口和宠物的例子。

我们把 IT 的两种运营模式比喻成宠物模式和牲口模式。宠物模式就好比我们养宠物一样，过去的服务器需要"精心培育"，就像家里养的宠物一样，需要得到 IT 部门的"精心照顾"，不能出现任何问题。而牲口模式类似于在牧场饲养牲口，这些服务器、虚拟机和容器本身没有任何特定功能，如果其中某一台设备出现任何问题，则将其更换掉就可以。宠物模式代表传统的 IT 部门和企业管理部门，这些部门都有特定的职责，如果某个部门出现问题，则会使流程中断或者导致业务出现问题。而牲口模式则是数字化企业所倡导的模式,任何一个特定部门出现问题,都不会影响公司对外提供服务,也不会影响客户的体验。

接下来讲一下容器的相关内容。容器是云原生里一个非常重要的概念,它也是一种技术。举个例子,我们经常使用各种瓶瓶罐罐来装各类东西,在软件开发中也使用一种叫作"容器化"的方法,把应用程序的代码和相关配置文件、库及运行应用所需要的一切依赖项捆绑在一起放在容器里,让开发人员和专业 IT 人员能够跨环境无缝地部署应用程序。简单来讲,在计算机中,我们把容器放在不可变的基础设施里,然后将其打包成容器镜像,就可以在跨环境中进行部署,从而解决应用程序在不同环境中无法运行的问题。容器和虚拟机的主要区别在于:容器是在操作系统上进行的虚拟化,它共享操作系统环境,从而对 CPU 运算、内存管理、文件存储和网络连接等进行虚拟化;而虚拟机则是对基础硬件的虚拟化,它可以让多个操作系统在相同的硬件上运行。

容器编排是指对大量的容器进行自动化部署和管理等。也就是全自动管理每个容器的生命周期,当需要的时候自动创建容器,当不需要的时候或者出问题时对容器进行销毁。谷歌的 Kubernetes 是使用最广泛的容器编排工具。如图 10-4 所示为一个简单的容器编排例子。

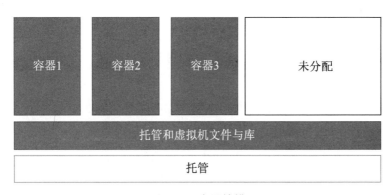

图 10-4 容器编排

关于容器的介绍就说到这里,再深入的话就变成技术讨论了。对需要进行数字化转型的企业而言，容器和自动化编排的意义是显而易见的。在传统的科层制架构的企业中，企业为了提高效率，规定每个部门固定的职责和流程，这种方式对于固定的市场需求是非常有效的，但是对于当今多变的市场和不确定的客户需求来说，则是一个巨大的挑战，这也是亚马逊推崇两个比萨团队（见图 10-5）的原因。

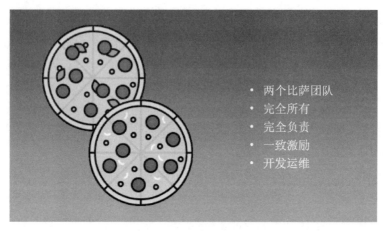

图 10-5　两个比萨团队

两个比萨定义了团队的规模，也就是两个比萨可以让团队的所有人吃饱，最多十几个人。一个产品部门、研发部门或者功能性部门，其人员规模应该比较小并且运转很灵活，每个人都有相应的任务和目标，以便能够迅速响应客户需求并进行自主创新。

从 IT 角度来看，"两个比萨"概念和容器的概念有异曲同工之处。容器是轻量级的，能够快速更新和部署，在编排中可以快速响应。映射到企业管理中也类似，构建两个比萨能够吃饱的小团队，让团队承担特定的任务，完成特定的目标。如果出现问题，可以进行快速更新和修改，而不至于出现太大的损失。在管理上也类似，可以用多个功能类似的团队提供的服务，即使某个团队的任务失败了，也可以使用其他团队的备份，对公司而言不至于出现不可弥补的损失，而且在公司内部还可以形成良性竞争。例如，在腾讯内部经常会有多个团队做同样的事情，在企业内部形成相互竞争的模式，胜出的团队可以获得更多的资源，从而更好地促进企业的发展。

需要进行数字化转型的企业可以参考这种小团队的架构形式，从传统的科层制向小团队的管理架构转化，通过流程的更新，实现更灵活和更敏捷的企业组织形式。

10.1.3 微服务和 API 对比团队协作

微服务其实是一种软件架构。在微服务架构体系中，应用程序被构建成一些服务集合，它们需要满足以下要求：

- 高可维护性和可测试性；
- 松耦合；
- 可以独立部署；
- 围绕业务能力组织；
- 由一个小团队拥有。

微服务架构能够帮助开发企业快速、频繁和可靠地交付大型的复杂应用，还能够促进企业不断地改进自己的技术栈。

这么解释可能比较抽象。简单地说，微服务架构就是把系统分成多个子系统（微服务），每个子系统都可以独立运行，子系统之间可以通过 API 的方式进行通信。我们可以把独立的微服务部署在一个或多个容器上，通过自动化编排对外提供 API 服务，从而和其他系统进行协作。

面向服务架构（Service-Oriented Architecture，SOA）和微服务架构的对比，如图 10-6 所示。

讲到这里，我们终于把 IT 软件架构和企业组织架构联系在了一起。前面提到，每个微服务由一个小团队所拥有，不同的微服务之间通过 API 进行通信和协作。那么对于企业的组织形式而言，是不是也可以通过标准的 API 协议进行沟通和协作呢？企业的 API 是什么呢？

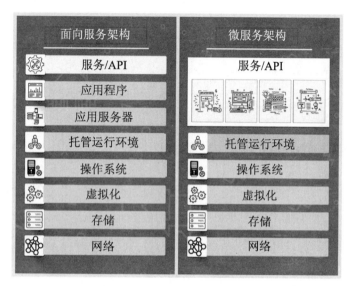

图 10-6 面向服务架构和微服务架构的对比

无论什么企业，沟通永远都是最大的挑战。对数字化转型的企业而言，一致的数字化协作平台和工具以及敏捷的企业文化是能够在不同团队间互相沟通的基础。这里就不得不提到 8.1 节介绍的数字化工作场所。Gartner 把数字化工作场所定义为员工用来完成工作的设备、软件和渠道。而我想把数字化工作场所类比为云原生中的 API，它是帮助所有团队工作的基础。

当然数字化工作场所包含的内容更加丰富，如协作框架、先进的社交技术、内部流程、以员工为中心的技术、会议系统、合作网站和各种用于沟通的工具等。这里重点介绍协作框架，它是数字化企业内部协作的基础。协作框架包括两部分内容，一部分是工具，另一部分是文化。

协作框架的工具主要指企业内部用于沟通和协作的整套平台，如微软的 Office 365、谷歌的 Workspace、阿里巴巴的钉钉和字节跳动的飞书等。使用这些平台可以完成收发邮件、文件分享、即时通信和在线会议等任务。当我们把数字化企业的团队转变为一个个小团队之后，统一的协作框架有利于提高沟通效率和工作效率，并激发团队成员的创新能力。

10.1.4　DevOps 对比数字化企业文化

DevOps 也是云原生非常流行的一个概念，它其实是开发（Development）和运营（Operations）的复合词，表示把人、流程和技术结合起来为客户提供价值。DevOps 最重要的思想是让以前孤立的角色（开发、IT 运营、质量工程和安全等）相互协作起来，从而构建更好和更可靠的产品。通过 DevOps 提倡的文化、使用的工具和建议的方法，能够帮助团队更敏捷地响应客户的需求，增强构建应用程序的信心，从而更快地实现业务目标。

DevOps 和数字化转型息息相关。一个完成数字化转型的企业一定会或多或少地受 DevOps 文化的影响。我们从技术角度所看到的 DevOps，其做法一般都是通过技术自动化和流程优化而实现。这一切都是从组织内部的参与人员的文化改革开始的。培养 DevOps 文化的最大挑战是如何深入改变人们的工作方式和协作方式，只有这样才能打造高绩效的团队。

下面先简单介绍一下 DevOps 的一些常见做法，然后针对数字化转型企业如何构建 DevOps 提倡的文化提出一些建议。

我们经常会听到持续集成和持续交付（CI/CD），二者都是软件开发的方法。开发人员把代码合并到主代码分支中之后，持续集成采用全自动测试方式，当每次提交新代码的时候都要进行测试，以保证主分支中的代码质量。而持续交付是指把新的应用程序自动地部署到生产环境中并频繁地进行更新。持续集成和持续交付能够让团队专注于代码构建，消除手动和潜在的人为错误，还能够加快部署新代码的速度并降低风险，帮助团队更敏捷、更高效地维护软件。

和 DevOps 相关的概念还有版本控制、敏捷软件开发（Agile Software Development）、基础设施即代码（Infrastructure as Code，IaC）、配置管理和持续监控等，它们都是软件开发中为了提高开发效率和质量的工具。例如，我们经常使用 Git 进行软件的版本控制，这是 DevOps 里的一种基本做法。敏捷软件开发包括白板和 Scrum 两种方法，它们通过短的发布周期不断地向客户提供更新和改进后的版本。利用描述性代码定义系统资源和拓扑结构的方法也就是之前提到的基础设施即代码，这类代码经常还被称为声明式 API。配置管理则是指管理系统资源（包括服务器、虚拟机和数据库等）的状态，用可控和系统的方式降低风险，它和 IaC 结合，帮助团队在复杂的环境中进行大规模操作。持续监控意味着全面、实时地了解应用程序堆栈的性能和运行状态，也称其为可观察性，这也是云原生的一个重要特点。

在云原生和软件领域，我们可以通过很多技术来实现敏捷和高质量的目标。那么在企业管理尤其是进行数字化转型的企业管理中，如何通过组织形式实现相同的目标呢？让我们来看看 DevOps 的文化，它其实也是数字化转型的企业文化之一。

第一点是协作、可见性和一致性。DevOps 倡导团队之间进行通力协作，因此可见性是必不可少的。每个团队都能够知道其他团队的工作进展，开发和 IT 运营等团队可以分享 DevOps 的流程、优先级和关注点，还能够共同规划工作，并将与业务相关的目标和衡量标准进行统一。前文也提到，在数字化转型的企业中，各个团队需要通过数字化工作场所完成协作，实现各团队信息的透明和共享。如今非常流行的目标和关键结果考核方法（Object Key Result，OKR）中有非常重要的一个特点，即加强各团队的协作性、可见性和一致性。

第二点是范围和责任的转变。当统一团队之后，团队成员都拥有所有权并参与到全程的生命周期阶段中，而不仅仅是自身的角色。例如，开发人员不仅要对开发阶段的产品创新和质量负责，还要对运营阶段的产品性能和稳定性负责。IT 运维人员要在规划和开发阶段关心软件的治理，以及安全性和一致性。在进行数字化转型的企业中，售前团队和交付团队很有可能是一支队伍，它们在为客户构建解决方案的同时，不仅需要通过创新的方法和技术满足客户需求，还需要有具体的实施方法，最终完成对客户的承诺，而不是由一个团队进行方案设计而由另外的团队去实施。

第三点是提升效率，缩短发布周期。DevOps 团队通过在短周期内发布软件来保持其敏捷性，其进度是渐进式的。缩短发布周期可以更容易地管理计划并控制风险，也能提高系统的稳定性，从而帮助企业适应不断变化的客户需求和竞争压力。进行数字化转型的企业也是一样的，当我们无法一下子满足客户的所有需求时，一般会选择用最小可用产品（Minimum Viable Product，MVP）来满足客户的最小需求，然后不断地迭代和反馈，逐步进行更新，从而和客户共同成长。这不仅能实现客户的目标，而且也能实现企业自身的业务目标。

第四点是持续学习。构建 DevOps 团队文化需要形成一种成长思维，在失败后把经验快速融入流程中，从而不断地提高客户的满意度，并加速创新，适应市场。在持续学习的过程中，不断有成长的空间，这也是在进行数字化转型的企业中推行学习型组织的原因。尤其是针对新的业务平台和协作框架等，员工需要通过学习不断地掌握新技能，以提高团队的管理水平并推动团队不断地进行学习和转型，从而快速传授和培养团队的能力。

在我看来，DevOps 推行的流程和文化恰恰是进行数字化转型的企业所需要的。数字化转型企业需要全面实施 DevOps 推荐的流程并发展其文化，以满足业务变革的需求，其中包括平台、技术、工具以及对文化的革新。接下来我们就谈谈如何用云计算的理念来管理数字化公司。

10.2 用云计算的理念来管理公司

大公司的 CEO 很多都是有云计算从业背景的资深管理者。例如，萨提亚·纳德拉（Satya Nadella）从 2014 年开始担任微软的 CEO，Arvind Krishna 从 2020 年开始担任 IBM 的 CEO，安迪·贾西（Andy Jassy）从 2021 年开始担任亚马逊的 CEO，这几大技术公司的一把手都有靓丽的云计算从业背景。

虽然云计算在当前的商业应用中非常广泛，但是将其应用在企业管理中依然非常有挑战性。云计算的弹性和商业市场的不确定性密切相关，而不断更新的云计算功能和市场上满足客户快速多变的需求也极其相似。运用云计算的理念和方法帮助企业进行数字化转型以及管理现代企业是一条正确的道路。在当前不稳定、不确定、复杂和模糊（VUCA）的大环境下，云计算敏捷和弹性的开发理念恰恰是解决模糊问题的关键点。

10.2.1 创新面临的挑战

亚马逊的创始人 Jeff Bezos 说过这么一句话："在如今变化无常的时代，我们别无选择，只能不断创新。与其他组织相比，您可以获得的唯一可持续优势是敏捷性，因为其他优势都不可持续，无论您创建了什么内容，别的组织都会效仿。"

在不确定的环境下，要让企业真正实现数字化转型并拥有创新能力，最关键的要素不是技术，而是人。前面章节在讨论云计算对人力资源部门的影响中曾提到，未来的人力资本管理需要激发人的使命感，提高人的满意度和幸福感，从而激发企业的创新能力。企业需要和客户建立联系，了解客户的需求并快速地做出响应，更高效地进行创新，和竞争对手竞争，并在新的市场中稳步发展。

在使用最新的技术手段或管理手段追求创新，通过提高竞争优势快速发展，通过财务手段或业务手段衡量创新之后，衡量企业创新能力最重要的指标变成实现创新所用的时间。如果你的公司针对一些问题需要花数月的时间和各个部门讨论来达成共识，而其他公司已经在较短时间试错了好几遍而找到了正确的道路，那你的公司怎么去跟这些响应快速和敏捷的企业竞争呢？

正如前文多次提到的，云计算的最大特点就是**敏捷**。在运营企业的过程中，对于新的想法和决策，也需要遵循这种敏捷的思路，快速响应，快速进入，快速试错，快速迭代，从而找到正确的"道路"。有时你的创意可能会有人"抄袭"，因此只有靠敏捷这个特性才能在这个市场上不断地进步。"一招鲜"吃遍天的方法如今已经无法适应市场的快速变化了。

例如，曾经比较热门的语音聊天室软件 Clubhouse，由于 Tesla 的 CEO Elon Musk 代言而迅速在各国铺开，随之推荐码一码难求。但是一周内实现类似功能的软件代码就在 GitHub 上被分享了出来，而且类似的软件往往也会如同雨后春笋般地冒出来，甚至有的公司会在现有的软件上增加类似的功能。如果 Clubhouse 需要一直维持热门状态，势必需要不断地增加新功能来满足客户的需求，以尽快地获得更多的用户，从而保证指数型的网状价值。这就像抖音和微信那样，需要确保用户在平台上的黏性。所谓"天下武功，唯快不破"用在当前的商业环境里真是很到位。

按照 AWS 的说法，企业创新的四大阻碍分别是文化、技能、组织和风险。

文化是组织内的一系列共识和运营原则。在企业中要保持一致的文化思想很难，要培养或改变文化需要时间，有时候由于收购或并购的原因企业文化还容易被破坏。CEO 需要在企业内参照云的方式构建敏捷的企业文化，这样才能激发企业创新。无论是亚马逊的领导原则和以客户为中心的文化，还是 Netflix 的自由和责任文化，都是实现敏捷型和不断创新型企业的核心。

技能是指使用新技术以满足未来创新需求的能力。由于当今的技术迭代和更新速度飞快，企业招聘到的员工拥有的某项技能可能过不了多久就会过时而无法使用。云计算产品的不断更新和迭代就是一个典型的例子。团队也是如此，需要和云计算的发展同步，不断学习和提高。CEO 需要培养"学习型组织"，鼓励员工学习新技能，在积累经验的同时持续地学习。

组织是企业进行数字化转型过程中需要克服的最大障碍。组织的架构和企业的敏捷性息息相关。例如，越来越多企业的开发运维（DevOps）架构能够敏捷地满足客户的需求并不断通过最小可用产品在市场中进行验证，以此不断迭代。在 Amazon 公司里，团队人数需要满足两个比萨的原则，也就是构建两个比萨可以吃饱的团队，以推进产品的发布。

风险被认为是企业创新受阻的主要原因。企业的长期创新策略通常会受到规避短期风险的影响，即能否忍受以短期内的利润降低为代价来期待未来的长期收益。通过股票来提高员工的留存率或者根据员工的技术能力进行选拔等也是鼓励创新的重要方法。

作为企业的高层管理团队，需要从整体上考虑对企业创新有影响的四大阻碍因素，逐步用云的敏捷性特点来实现数字化转型。

10.2.2 高频企业

"高频企业"[1]也是从云计算中延伸出来的一个关于管理的词汇。在高频企业里，技术才是真正持续改进和提升业务价值的推动者，即用最快的速度交付产品和服务以满足客户日益增长的需求。这个理念是由 AWS 的企业战略负责人 Phil Potloff 提出的。

传统的低频企业和高频企业的特点对比如表 10-1 所示。

表 10-1 低频企业和高频企业的特点对比

低频企业	高频企业
大投资，大收益	小批量、高频率的发布，逐步取得收益
保护核心业务	持续重构和改进业务
领导决策	数据驱动决策，并不断进行测试和评估
业务和 IT 分离	团队同时负责业务和技术两方面
大量功能的发布和系统扩展	不断地进行优先级排序和相关性验证
不灵活的软件和流程	从构思到实施的交付周期短
计划最佳的运营状态	预设竞争和竞争失败
有严格的预算体系	动态调整预算

为了让低频企业转变为高频企业，Potloff 提出了以下 4 个需要关注的问题。

- **分解工作**：把单一的系统和流程转移到敏捷的微服务中，通过减少交付成果的规模和持续变更的方式来更频繁地交付价值。简而言之就是"小步快跑"。例如，用云计算的容器技术、无服务计算或者低代码开发等方式把工作分解成多个小模块，这也是 AWS 小团队的工作逻辑。多个小团队专注于分解出来的单一工作，而且互相整合，从而不断地为顾客提供价值。
- **投资劳动力**：高频企业意味着员工需要学习不同的工作方式。成功的高频

---

[1] 优化高频企业，https://aws.amazon.com/cn/executive-insights/content/tuning-up-the-high-frequency-enterprise/。

企业可以尝试 DevOps、Agile 开发、Restful 服务、测试驱动开发、实时分析、大数据和人工智能等，来尝试解决业务和技术团队出现的新问题。而低频企业应用的新技术相对较少，要转变为高频企业就必须要对员工不断地进行投资。

- 让流程自动化：冗长的流程是企业变得高频的最大障碍。高频企业需要通过自动化流程和机制来保护系统并控制风险，只有这样才不会限制企业的发展。流程的冗长是企业实现敏捷的重大障碍，要让各团队高频、独立地工作，流程自动化是至关重要的。
- 把失败融入组织，而不是回避：企业对自动化的最大担心是可能会导致质量降低，风险上升。企业所面临的挑战是通过架构和组织设计来构建质量和风险保障体系，而不是回避。云计算理念中的弹性、灵活性及自动伸缩扩展都可以用在这里。我们可以不断地复制和重新部署架构。如果失败，则可以快速回滚和修复。当然，团队想要做到这一点也很难。很多互联网公司让不同的团队做相同的事情，让团队之间不断地互相竞争，这也是不会出现单点故障的例子。

高频企业对员工提出了较高的要求。无论是员工的技能和工作习惯，还是团队的组织模式，高频企业都和传统的低频企业有较大的区别。高频企业需要聚集更多能自我驱动和不断挑战自我的知识型员工和有创造力的员工，才能改变企业文化，推进企业转型。

10.2.3　引领变革

CXO 级别的管理者的一项重要任务是推动变革。云计算理念带来的所有变革都是自上而下和自外而内的。企业自下而上和自内而外进行的变革只能发生在高频企业身上，大部分低频企业很难做到。

变革时代，商业领袖需要考虑的企业转型和变革的相关问题很多，有一些关键主题我认为和云计算的理念紧密相关。

- 以客户为中心：云计算和数字化技术正在帮助企业有更多的机会接触终端顾客。无论是 2B 还是 2C 业务，顾客依然是最重要的。在价值型企业中，要取得成功的最根本路径是基于顾客价值取向的战略，而不是云计算、技术或者其他因素。
- 以身作则，而不是指导：持续关注具体工作，同时努力成就他人。CEO 需要深刻地理解环境并帮助他人学习相应的技能，这样才能具备相应的竞争力，这也是一种关键的领导力。CEO 除了不断地提高自身之外，还要不断地培养他人，让自己具有企业长期发展的使命感，从而构建不断提高和成长的学习型组织。
- 允许失败：失败是努力过程中非常重要的经历。要允许自己和他人失败，要持续在失败中获得经验，从而不断提高。云计算有个概念叫故障转移（Failover），其实就是前文提到的灾难恢复。失败是不可避免的，从企业管理的角度讲，关键是如何尽可能降低失败的风险或在失败后快速恢复。
- 在压力下拥有韧性：云计算倡导的弹性（Elasticity）是一种在大规模计算和流量需求下自动扩展的能力。在企业管理中，这种弹性也是非常必要的。企业需要设计合理的治理结构，在成本合理的基础上让企业的运营具有弹性。
- 数据驱动：前面在企业运营和高频企业的讨论中提到过云上的数据驱动。企业领导者要避免以直觉来做决策，通过数据驱动企业的发展。人工智能和机器学习都是建立在数据基础上的。处理好企业拥有的数据，发挥数据的作用，这对成为数据驱动型组织是非常重要的。

下面简要介绍数据驱动型组织需要注意的几个问题。

第一，数据本身存在问题，例如有很多孤立的数据和被丢弃的数据，这些数据可能分布在不同的数据库里或者无法访问。第二，低保真数据，这些数据不是实时的，无法反应实际情况。第三，诸如图像和传感器等类型的二进制数据很难被分析。第四，散乱的数据，如脏数据和噪音等在使用的过程中可能会导致较高的成本或干扰。

在企业中成立数据分析团队，整合数据提供者提供的数据，为业务团队提供数据分析结果，从而满足顾客的需求。构建数据驱动型组织有时和企业的初心是违背的。当企业掌权者的能力有了瓶颈，但他又不愿意失去企业的掌控权，这势必会导致企业在市场竞争中落入下风。

举个例子，在疫情暴发时期，会议解决方案的需求会出现激增，市场上会有大量的机会。但企业如何进入这个市场，需要策略：首先需要根据市场调研数据以及对自身情况的分析，推出最小可用产品进行验证，然后在获得客户的使用数据后再不断迭代，并且不断地加入有竞争力的产品。即便如此，最终结果可能会全面失败，也可能会成功。企业需要通过数据不断驱动业务发展，这样才能在多次尝试中总结经验并改进，从而能在多次失败中取得成功。

当然，这些内容可能只是纸上谈兵，要想付诸实践，则必须要进行实际的操作，这需要销售、财务、人力资源和运营等部门的人员在观念、习惯和文化等方面进行改变。传统低频企业的运营模式和市场环境之间的冲突，以及长期发展的投资和短期运营的风险一直都是业内讨论的重点，企业需要通过重构激励模式，改变工作方式和评估手段，逐步走上激励创新的道路，最终通过快速响应和失败后快速迭代等模式，赶上市场上领先的公司。

10.3 总　　结

本章首先介绍了云原生的概念，然后对云原生和企业数字化转型中的几个概念进行了对比，包括不可变基础设施对比业务平台，容器编排对比团队管理，微服务和 API 对比团队协作，以及 DevOps 对比数字化企业文化。这些对比可以为运用云计算理念管理公司打下基础。

接着讨论了更广泛的话题，包括创新、高频企业和变革。这些是数字化企业的 CEO 需要时刻考虑的问题，而云计算的方法论和理念恰好能够帮助 CEO 在当前不稳定、不确定、复杂和模糊的环境里通过敏捷和弹性来满足客户的需求，从而帮助企业在转型过程中稳定发展。

附录 A
云管理服务的新演变

2018 年 5 月，Gartner 发表了一篇文章 Critical Capabilities for Public Cloud Infrastructure Managed Service Providers（公有云托管服务提供商的关键能力）[1]，文中介绍了为客户提供公有云运维的服务商需要掌握的关键能力，即对稳态（Mode 1）和敏态（Mode 2）系统的运维能力，其中包括对专业服务（Professional Service）、托管服务（Managed Service）和云管理平台（Cloud Management Platform，CMP）的一些具体要求。从这篇文章发表到今天为止已经过去了几年时间，随着云业务的快速演变和发展，业界对云管理服务又有了许多新的需求。下面我将以 Microsoft Azure 产品和服务为例，结合当前业务的一些新变化，对云管理服务的演变提出一些看法。

1. 数字化转型的不断深入

由于近两年新冠疫情肆虐全球，人们的一部分工作转为线上进行，这使得各种远程通信工具得到了广泛的使用，像 Microsoft Teams、Zoom、WebEx、钉钉、企业微信和腾讯会议

---

[1] Gartner, Critical Capabilities for Public Cloud Infrastructure Managed Service Providers, Worldwide, 3 May 2018, ID: G00341591。

等都成了人们常用的工具，很多在以前需要面对面进行的沟通工作如今大多变成线上完成。我正好有一个需求是进行室内软装设计，找了一家专门做整屋设计的公司，没想到一个在三线城市的设计师直接约我通过腾讯会议共享桌面进行沟通，这让我很诧异。

随着新技术和商业模式的不断发展，数字化转型已经成为很多企业尤其是传统企业的选择，受到互联网冲击最大的零售和汽车行业尤为如此。我们发现，在零售行业中大部分的内部业务流程和外部推广，甚至供应链和生产流程，都会随着客户下单习惯和兴趣的变化而变化，这应该是受到了电子商务网站蓬勃发展的影响。在汽车行业中，传统企业都声称自己要转型为一家 IT 公司，如车联网、数字孪生和机械手臂等都在汽车行业得到了广泛应用，汽车行业不仅受到了数字化的冲击，还受到了新能源汽车的冲击，因此变革得更加彻底。

在我看来，2020 年之后，企业的数字化转型在加速。一方面，经济下滑给企业盈利带来了巨大的压力；另一方面，客户开始习惯数字化转型带来的各种变化，传统模式下的市场规模变得越来越小。这要求企业的数字化能力必须要能跟上市场发展的步伐，否则企业将不复存在。

这样，各企业对托管服务的需求也会越来越多，要求也越来越高。以前只是运维机房、IDC 或者给用户安装的计算机，这种需求早已不能满足当前的发展。过去十年云计算企业对客户进行了广泛的教育，让越来越多的客户需要实现应用的云化或者应用的现代化（Application Modernization）。越来越多的 IT 基础设施需要支持非 IT 人员根据业务需求快速、自主地变更系统，以满足市场的变化，即要满足 IT 系统敏态的要求。这不仅对 IT 专业人员提出要求，也对业务人员提出要求。在这样的趋势下，托管服务也随着数字化转型的深入而不断地变化和演进。

2. 云管理服务领域的不断扩充

根据 Gartner 的报告，云管理服务包括以下 3 个方面：
- 专业服务，如咨询、迁移和实施等服务；
- 托管服务，包括监控、运维和优化等；

- 云管理平台。

以上 3 个方面相信在之后的几年里，其名称应该不会有太大的变化，但是其包含的内容将会有所变化，尤其是托管服务。

让我们以微软的 Azure 为例来看一下最近几年云计算的发展。当 2008 年微软发布 Azure 的第一版时[○]，它只包含虚拟机和存储等一些基本功能。之后逐步增加了诸如 PaaS 中的 Cloud Service、各种托管的数据库产品和网络产品等。然后又增加了容器、物联网、区块链、开发工具、DevOps、人工智能、混合云、媒体、混合现实、移动开发、安全和数据分析等。如今，Azure 已经变成包含 22 个类别囊括几百种产品的庞大服务集群，在整个 IT 领域似乎已经无所不包。微软 Azure 的云产品集群如图 A-1 所示。可以看到，在计算、网络、存储、移动、数据库、智能分析、物联网、安全、开发者服务、监控和管理等方面几乎无所不包。

在这波云计算大厂的 Pacman（吃豆子）游戏里，我主要发现了以下趋势：

- 混合云的应用：云计算厂商逐步推出硬件一体机和公有云整合解决方案，如 Azure Stack，可以让客户在数字化服务中动态地在自己的数据中心和远程云上随意切换。
- 容器的广泛应用：除了一些银行还在 Power、AS400 或大型机上运行应用程序外，大量的现代化应用都没有运行在虚拟机上，而是运行在容器中。公有云计算厂商，如 IBM 和 VMware，它们在 2020 年都已经把主要精力放在了容器服务上。
- 数据和人工智能应用的广泛发展：算力和算法都是由云直接提供的，但是数据、数据模型和参数等都是企业自己的。
- 设备的广泛应用：物联网、边缘计算和传感器等设备广泛应用。
- 新技术的广泛应用：虚拟现实、增强现实、数字孪生、游戏和媒体等新技术广泛应用。

○ Microsoft launches Windows Azure, https://www.cnet.com/news/microsoft-launches-windows-azure/。

附录A 云管理服务的新演变

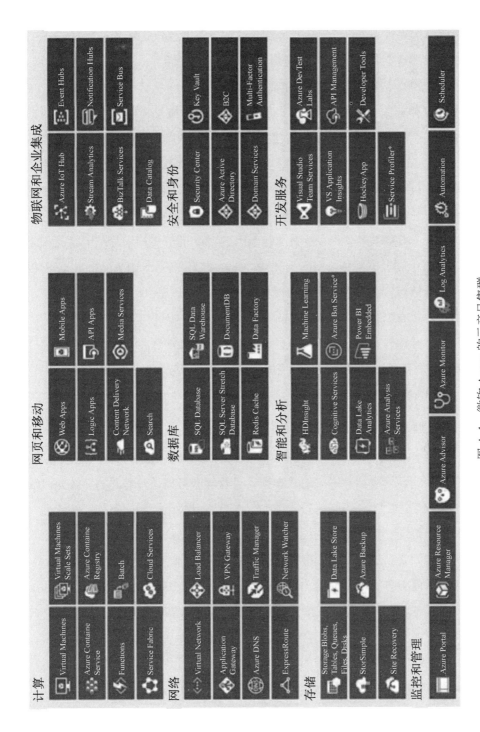

图 A-1 微软 Azure 的云产品集群

- 对网络的需求更高：软件定义网络（SDN）、内容分发网络（CDN）和 5G 等技术都是支撑直播和 Vlog 业务的关键。
- 一体化的安全服务：如漏洞扫描、合规和认证等。

此外，**各种云服务都提出了全自动化和零运维的概念**。例如，托管的数据库产品 RDS，其主要的理念就是不需要数据库运维，也不需要 DBA。就连老牌数据库大厂 Oracle 提出的自治数据库（Autonomous Database），也提倡不需要 DBA，即不需要数据库管理就可以存储各种数据。而 DevOps 其实就是把运维的事通过代码的方式解决，通过流程和工具，减少人工在运维方面所做的工作。再如，无服务计算并不需要关心执行服务器的架构和部署，而只需利用简单的定义和语言就可以完成所需要的功能。Microsoft PowerApps 和 Microsoft Automation 的目标就是让不懂计算机编程的人员通过简单的拖曳方式就能完成一个简单的程序。在这些平台上，传统的 IT 运维工作其实已经消失了，这部分工作都被云计算厂商接管了。一些特殊行业（如银行和证券等）有合规性和安全性的要求，传统的 IT 运维还有市场，而很多其他行业已经把传统运维部分的成本省掉了。

那么，托管服务会有什么样的改变呢？

3. 云管理服务的新能力

在 Gartner 的报告里，如果说传统的 IT 运维部门能够通过一些努力变成云管理服务提供商的话，那么在未来的几年里，云管理服务提供商需要的新能力可能就没有那么容易达到了。不仅是技术能力，而且还有对市场和业务的理解能力，都将会成为云管理服务提供商的核心能力。云的各种工具和相关业务在平台上的结合与优化能力将会成为云管理服务提供商发展的新方向。

那么云管理服务提供商的能力会有什么变化呢？在这里我大胆做一些预测：

首先是服务所面向产品的改变。早期的机房服务主要是对硬件产品和网络方面的了解程度提出要求；到了云时代则变成了对不同云平台的了解程度提出要求，如对 Azure、AWS 或阿里云平台的了解程度；而未来将会是对诸如数据平台、营销平台和供应链平台等的了解程度提出要求。

其次是服务客户的改变。早期的机房服务主要面向企业内部的 IT 部门；到了云时代依然是服务于 IT 部门，不过服务对象变成企业的 CIO 或者 CDO；而未来将会是服务于各业务负责人，帮助他们利用各种平台和工具来实现业务发展的目标。

最后是服务能力的改变。早期的机房服务需要的是对硬件设备和网络的了解；到了云时代则是对不同的云和工具的了解，如对 Azure 或者 PowerShell 的了解；未来将会是对工具平台和业务的综合理解，例如对营销数据在 Microsoft Cosmos DB 和 Microsoft PowerApps 平台上的效果与迭代速度分析，以及对某人工智能算法应用在这些数据上的效果分析。

对于甲方而言，早期找供应商时看中的是其对机房的运维能力；如今，甲方喜欢问的是供应商对 Azure 或者 AWS 是否熟悉，以及供应商会不会使用 PowerShell、Ansible、Terraform 和 Kubernetes 这些工具；未来找供应商时问的也许就是其对私域流量、价格预测、营销方法和保险精算等场景的实施经验。

其实在金融行业中也有类似的例子。早期炒股，一般是基金经理下指令，通过操盘手下单；如今炒股，则是由基金经理设计模型算法，由操盘手编写脚本来执行基金经理的指令；未来炒股，将是由基金经理提供交易策略，而操盘手则针对交易策略在云平台上进行分析和演练，然后将结果反馈给基金经理以不断优化算法，从而提高投资收益。这里我多说一句，现在的数据团队其实就是在向这个方向发展，例如数据团队在 Azure 的人工智能平台上进行算法的优化和计算，帮助客户进行数据优化和决策。

管理服务提供商可以根据前面提到的 7 种不同趋势，逐步培养其与业务相结合的能力，帮助客户通过平台和工具快速发展和迭代其业务，最终成为客户的业务伙伴。不管是微软的云还是其他云，它们都是为了支撑客户的业务发展而产生的。云管理服务提供商的核心业务是成为中间桥梁，可以让客户在平台上连接不同的业务，这是托管服务为客户提供的核心价值，也是最终价值。

附录 B
关于中台的思考

36氪曾经发表了一篇文章《中台，我信了你的邪》⊖，文中表达的大致意思是，很多企业看到中台的宣传之后，不考虑企业自身的情况，通过供应商用上了中台，而后出现了各种实施方面的问题。文章列举了一些客户与阿里巴巴公司的例子，引用了一些"大佬"的原话，揭示了实施中台的风险。不得不说这是一篇语言相当犀利的文章。文章发布的当天晚上，文中提到的主角之一——阿里巴巴公司投资的中台实施商云徙科技发布了一篇声明，说某媒体是失实报道，项目实施得很好，还受到了表扬等。

阿里巴巴公司发展到今天这个规模是不容易的，前面所讲的一些方法论（如中台）在市场上有不少的支持者。后来又出现了一个新名词——全渠道营销，其影响也不小。我是通过宣传才知道"中台"这个词的。宣传中说"中台就是企业的腰，在足球场上就是给前方提供炮火的组织"，然后引申出业务中台、数字中台、安全中台和AI中台等概念。就像阿里巴巴公司的中间件首席架构师钟华所著的书《企业IT架构转型之道》中所说：几乎包括工厂里的各种产品和软件，它们都在自己的名称前加

⊖ https://mp.weixin.qq.com/s/9j3BnR3UqA-lnJDoM5Hrvg。

上了"云"字。

　　说实话，我也不太明白阿里所说的中台是什么意思，这就像 2012 年前后不同的人对云计算的定义也是"百花齐放"一样。我当时给别人讲云计算的时候参考的是美国 NIST 给出的定义，当然各厂商的理解又有所不同。目前中台也没有一个标准的定义，在 Garnter 和 IDC 上能找到的专业定义也不多。或许几年后这个定义会随着市场的变化而逐渐清晰起来，就像如今我们提到 IaaS、PaaS 和 SaaS 的时候，虽然感觉它们之间依然有一些交集，但是对其概念基本上已经清楚了。我认为，涉及中台的时候，它一般都是和数字化转型一同出现的，它基本上是数字化转型中一个重要的组成部分。下面我从"码农"的角度对中台做一些分析。

　　中台是什么？我不知道。但是我比较喜欢向深度挖掘，目的是最终能触及问题的本质。把我的这种做法说成王阳明的格物致知也好，或者说成柏拉图式的追寻理念也罢，总之考虑问题最重要的是找到本源，然后不断深入。作为工程师，我考虑的是中台能解决什么问题。

　　根据阿里的说法，中台是要通过 IT 解决企业的各种问题，能够让企业快速且灵活地响应业务的变化，把共性的东西整合在中台里。例如：阿里有了中台，可以快速上线聚划算购物平台；字节跳动有了中台，能支撑所有的直播业务。作为码农的我下意识想到，中台有点像程序设计模式，把共同的功能放在一个函数里，再把变量放在参数里，对外提供功能。讲得稍微宽泛一点，中台有点像聚合设计模式，为变化的模块提供支持，或者说它是一种中间件的设计模式。再宽泛一点说，中台就是 IT 部门提供的平台和工具，为不同的组织提供具有共性的功能，从而实现一个快速响应的分布式架构。

　　上面这段话我相信一定会有人不认同，因为描述得太简单，而且还外延了一些东西。随着企业数字化转型的不断推进，我看到软件架构在不断地影响企业的组织形式甚至社会的组织形式。在这种情况下，企业应该采用什么样的架构？这个问题可以抽象成一个架构设计问题，而中台只是多种架构中的一种。

　　回顾历史，人类有过多少种不同的组织形式呢？例如，原始社会的部落制、雅典的城邦制、罗马的封建君主制、资本主义制度及社会主义制度等。鉴于本文不是一篇哲学论文，因此我把各种组织形式简化为两种：联邦制和中央集权制。针对企业来说，就是有利于激励小团队的阿米巴制，以及有利于执行力的集团统一管理制。中台看上去有点像对中央集权制进行了一些调和，它希望有一部分能够提供共性的东西，但同时也不会影响小团队的灵活性。

这种制度化的尝试其实早在汉代就已经有了。刘邦在战胜了项羽获得天下以后，从经济、军事和政治等方面建立了中央集权制，把军事、税务和外交等权力整合收归于中央，但是又让郡县保留了一定的权力。虽然这个例子可能不是特别恰当，但是其原理也是将共性的权力集中了起来，因此才有了霍去病痛击匈奴的底气。

因此，我认为中台想做的就是要通过IT把企业的组织形式设定为"调和的中央集权制"。当然这必须是"一把手"工程，是CEO想要干的事。实施中必然会遭到下面部门的抵触和反对，理由一定是各种各样的，如文化冲突、能力不足和无法执行等。

谈到这里，我们再说一下亚里士多德提到的三类政体，这对我也有一些启发。亚里士多德在《政治学》里提到了政体的三类形式：一人统治，如君主统治；少数人统治，如贵族或寡头统治；多数人统治，如雅典的城邦制等。那么中台是不是企业组织的唯一形式呢？答案显然是否定的。对于不同发展阶段的企业，显然应该使用不同的组织形式来管理。随着发展，企业一定会经历不同的组织形式变更阶段。例如，从创业初期的野蛮生长阶段发展到建立了几个事业部"山头"，再随着市场的变化打破这些"山头"而形成民主管理制度，然后再跟着市场的变化转变为寡头制或者集权制。对于企业而言，一切都应该以适应市场变化为原则。不过组织结构的变化必然会带来各种冲突。

关键的问题并不是中台，中台只是多种企业组织形式中用于支持集权制企业的一种IT手段而已。如果你看过凯文·凯利（Kevin Kelly）的《失控》一书，相信你也可以提出公平竞争和优胜劣汰的进化法则才是自然界直到今天为止唯一没有错过的生存法则。在这种进化法则下几乎就没有中台的事了。

因此，中台只是各种方法论中的一种。不同的企业处于不同的阶段，是否要建立和中台匹配的组织形式取决于市场、企业发展的阶段和规模。企业是否适合搭建中台，需要CEO根据实际情况，并依据相关数据甚至直觉进行决策，而不是听几位咨询顾问讲讲，仅由CIO就能够决定下来。

希望每个CEO能对中台这种架构和组织形式进行深度思考，并根据企业的具体情况来决定是否要用这种调和集权制的组织架构，然后再考虑选择用什么样的中台，以及在哪些范围以哪种规模实施中台，从而把企业带上一个更高的台阶。

后记

在本书的 10 章内容中,我给大家介绍了云计算的基本概念,以及云计算对企业的 IT、财务、人力资源、运营、营销、生产制造、行政办公、物流供应链等不同部门产生的影响,并介绍了云计算对 CEO 整体运营企业的影响和帮助。

在数字化转型愈加必要的今天,云计算的理念和其他企业管理的理念并没有太多不同,关键在于其敏捷性。用数字化的方式实现企业的敏捷性,从而不断快速满足顾客的需求,是企业构建竞争力的核心。无论创业公司还是上市公司,市场的变化都让 CEO 焦虑不堪。在过去的 20 年里,《财富》500 强公司有一半从榜单中消失,颠覆已经成为新常态。

无论世界如何变化,通过数字化技术提高企业的竞争力,并提升客户的体验度和员工的价值是企业生存的关键。关注云计算,关注新技术,关注数字化,就是关注企业的未来。

希望本书能够打开大家的思路,帮助大家学习云计算的基础知识,并学会用云计算的思想来规划个人、团队和企业的未来发展方向,用敏捷的思想"武装"自己的头脑,帮助自己走在时代的前列。也欢迎大家关注我的公众号"热罐小角"来获取云计算方面的最新知识和信息,并和我一起讨论技术与商业的新趋势。